영화로 보는 직장 소통법

최태영 지음

#직장세계 #고민상담 #영화인문학 #인생작품

Learntopia

INTRO

영화와의 좋은 기억

영화는 내게 '친구'다.

누군가에게 영화는 오락물이나 킬링 타임용 영상물일 수 있는 반면에 누구에게는 인생에 감동이나 깨달음을 주는 작품일 수 있다. 어릴 적 잠을 참으면서, TV '주말의 명화'를 보며 영화를 접했다. 그렇게 혼자 영화를 보다가, 처음으로 누군가와 함께 영화에 관한 이야기를 나눈 경험은 중학교 비디오부 클럽 활동이었다.

영화의 줄거리와 느낀 점을 공유 하다보니 영화가 더 좋아졌고, 용돈을 모아서 극장을 갔다. 2001년 고등학교 친구들과 〈엽기적인 그녀〉를 보며 고3 수험 생활의 스트레스를 풀었고, 2005년 대학교 친구들과 〈왕의 남자〉를 보며 인생에 대한 깊은 이야기를 나눴다. 그리고 2015년에 동료들과 〈인턴〉을 보며 직장생활에 대한 수다를 한껏 떨었다.

책을 쓴 이유

20대 중반부터 30대 후반까지

직장생활을 하며 생긴 업무 고민이나 고충을 영화로 풀었던 기억이 있다. 직장 선후배의 조언이나 위로로는 해결하지 못한 문제 또는 해소하지 못한 감정을 영화를 통해 풀었던 경험이다.

영화 〈악마는 프라다를 입는다〉에서 앤디가 상사 미란다의 괴롭힘을 못 견뎌 나이젤에게 하소연 하는 장면이 있다. 그때 나이젤은 앤디에게 일의 본질을 알려주며 "Wake up!"이라고 말을 한다. 그 장면을 본 순간, 직장에서의 내 모습이 주마등처럼 지나가면서 위로 받은 동시에 깨달음도 얻게 되었다. 이런 경험을 나누고 싶은 마음에 책을 쓰게 되었다. 현실 문제를 극복하거나 일순간 바꿀 수는 없어도, 어떤 행동을 할 수 있게 위안을 얻거나 동기로 삼는 것은 그 자체로 의미가 있다. 그리고 영화가 하나의 선험 사례가 될 수 있지 않은가.

직장생활에는 즐거움과 보람이 있지만, 이면에는 괴로움과 좌절도 있다. 직장을 다니는 목적은 '생계 유지' '인간관계 형성' '자아 실현' 등 다양하지만, 공통적으로 업무와 관계에 기반한다. 여기에 직장을 소재로 한 영화를 엮어내 글을 썼다. 독자분들께서 글을 읽고, 해당 영화를 찾아본다면 큰 기쁨이 될 것이다.

● ● ●
책의 구성

책은 총 4장으로 구성했다.

제1장은 애니메이션 〈주토피아〉와 영화 〈악마는 프라다를 입는다〉, 〈트루먼쇼〉, 〈인턴〉, 〈굿모닝 에브리원〉 등 5편을 중심으로 '직장인'의 이름을 얻은 순간과 직장생활에서 맺게 되는 업연(업무관계와 대인관계 인연) 그리고 어엿하게 사회인으로 자립하는 과정을 그렸다.

제2장은 입사, 업무, 동료, 성장, 퇴사를 주제어로 영화를 감상하고 생각할 수 있도록 작품을 두 편씩 짝지었다. 한국영화와 외국영화를 이었으나, 한국영화가 마땅하지 않을 때는 아시아 영화를 활용했다.

제3장은 직장인을 대상으로 한, '내 인생 작품' 서면 인터뷰 진행 결과를 공유했다. 인턴부터 대표까지 다양한 직업과 직무에 종사하는 33명의 인생작 15편을 소개했다.

제4장은 자신의 인생작품을 로그라인으로 말하는 방법을 공유했다. 로그라인은 시나리오 작가가 자신의 각본을 완성하고 나서, 그것을 영화로 만들어줄 감독이나 제작자를 찾아가서 처음 내뱉는 문장에서 유래가 되었다. 마음 속에 품고 있는 인생 작품은 타인과 나눌 때 비로소 자신의 인생작이 된다.

INTRO

• • • •
다시, 책의 이유

CINEMA

영화 평론가 정성일은
"언젠가 세상은 영화가 될 것이다"라고 말했다.

영화 평론가이자 시나리오 작가, 영화 감독인 '시네필(영화광)'로서 하는 말이다. 영화를 만든 것은 사람과 사회이지만, 그 작품을 보고 '사람은 변하며 사회는 영화를 오마주(모방해서 따라함)한다'는 의미이다.

영화가 사람이나 사회를 변화시키기란 어렵다. 하지만 재미와 즐거움 또는 의미와 감동을 줄 수는 있다. 이 책을 읽는 독자분들께 각 작품의 재미와 의미를 온전히 전달하기는 힘들어도, 일상을 사는데 필요한 실마리를 줄 수 있다면 그것으로 만족하고자 한다.

• • • • •

감사한 분들께 보내는 인사

Thanks to

이 책이 나오기까지 많은 분들께서 도움을 주셨다. "책을 쓸 수 있다."며 용기와 방향을 제시해 준 HRD Company 홍종윤 대표님, 책의 전체적인 디자인을 맡아준 최성정 디자이너님, 교정을 맡아준 김만재님, 감수를 맡아준 방은혜님과 지면에 언급하지 못한 선·후배 동료들께 감사 인사를 전하며 최형모, 김복례님께 이 책을 드린다.

끝으로 책에 대한 의견이나 조언, 독자분들의 영화와 인생 이야기가 있다면 아래 전자우편 주소로 편하게 보내주시길 바란다.

2020년 10월 **황학동에서**

독자분들의 영화와
인생 이야기가 있다면
이메일 보내주세요

learntopia@naver.com

즐겁고 원활한 직장생활을 위한
영화로 보는 직장소통법

CONTENTS

Chapter 01
미리보는
달콤 살벌한 직장 세계

Chapter 02
직장인 고민, 영화 해우소

Chapter ❸
직장인의
인생 작품 15편

Chapter ❹
내 인생 작품
'한 문장'으로 말하기

Chapter ❶
미리보는
달콤 살벌한
직장 세계

01

〈주토피아〉 토끼 주디와 여우 닉

직장인의 시작,
긍정의 마음가짐

꾸며낸 성격도 진짜일까?

대학을 졸업할 때까지 내향적이기는 해도 자유로운 성격이었다. 좋아하는 공부나 취미 활동은 곧잘 찾아서 집중 있게 했지만, 성격에 맞지 않는 것은 회피하는 그런 사람이었다. 그렇게 20대 초·중반을 보내며 자연스럽게 취업할 시기가 찾아왔고, 전부터 관심을 가졌던 문화·예술 분야 공공기관 채용에 여러 차례 지원을 했다. 그런데 서류전형 심사는 종종 통과했지만, 면접에서 번번이 탈락했다. 대여섯번 탈락을 하고 나니 자신감이 떨어졌고 '첫인상이 안 좋나?' '목소리가 작나?' '내게 큰 문제가 있나?'라는 부정적인 생각만 떠올랐다.

그렇게 자신감을 잃어가던 중 대학 선배에게 조언을 구했고, 선배가 건넨 한 마디가 큰 울림을 주었다. "도전적이고 씩씩한 인상으로 바꿔 보는 것이 어떻겠니?" 이전부터 '서글서글하고 적극적인 모습'을 보여주기 위해 노력했지만, 그것으로는 부족했던 모양이다. 그 이상으로 '남자답고 씩씩한 모습을 보여주자'고 결심했다. 그 모습은 바로 '군인'이었다. 면접 답변을 연습하며 일부러 목소리를 더 크게 내보거나 방문 뒤에서 의자까지 빠르게 착석하는 연습을 했고, 흔히 말하는 '각 잡힌 자세'를 오랫동안 유지했다. 그런 연습이 효과가 있었는지, 계속 떨어지기만 하던 채용에 처음으로 합격을 했다.

그런데 근무를 시작하고 몇 개월이 지나자 한 직장 선배가 "부드럽고 섬세한 성격 같다"고 말했다. 수습 기간에도 면접 때 결심한 그대로 씩씩하게 행동하기 위해 적극적으로 움직였는데도 말이다. 역시 '사람은 쉽게 변하지 않는다'는 생각이 들었다. 선배의 말을 들은 당시에는 '내가 너무 과장되어 보였을까?' '겉과 속이 다른 사람처럼 비추어졌을까?'라는 고민과 걱정을 했다. 그러나 시간이 흐르면서 그런 행동 또한 '나'임을 깨닫게 되었다. 그것은 연기가 아니며 거짓도 아니고, 나 자신임을 받아들였다. 때로는 부자연스러워 보여 포기하기도 하며, '이 모습이 진짜 나인가?'라는 의문을 걷어내기까지 2년이란 시간이 걸렸다.

사회적 인격, 페르소나

지나고 보니 그 시간동안 내가 겪은 자기 경험과 고민은 페르소나였다. 이는 고대 로마 시대 연극에 그 어원을 두고 있다. 당시는 현재처럼 배우가 분장을 하고 연기를 하는 것이 아니라 "배역에 맞는 가면을 쓰고 연기를 했다."고 한다. 그 가면을 통해 배우는 인물의 표정과 감정을 드러낸 것이고, 현재 인성(Persona-lity)의 어원이 되었다. "배우 송강호는 서민 아버지의 페르소나이다."라는 말도 송강호가 연기하는 배역들이 현대 한국사회 아버지를 표상하기 때문이다. 이렇듯 페르소나는 단순한 가면을 넘어 무언가를 상징한다. 심리학자 칼 융은 페르소나를 다음과 같이 설명했다.

"사람들은 보통 타인의 기대치에 민감해서 가족, 학교, 직장에서 특별한 태도를 취한다. 태도란 잠재적이고 무의식적이지만, 사람으로 하여금 상황이나 환경에 지속적으로 적응하게 한다. 즉, 이쪽이나 저쪽으로 분명한 행동을 취하도록 결정할 정신 요소나 내용의 결합이다. 따라서 태도란 인격의 특색이고 습관이며 그것이 페르소나로 표현된다."[1]

---

1) 머리 스타인 지음, 김창한 옮김, 『융의 영혼의 지도』, 문예 출판사, 2015

칼 융이 말한 것처럼 페르소나는 자신이 처한 상황이나 환경에 적응하면서 만들어진다. 당시 나는 직장에서 부서 막내이자, 후배였고 동료였다. 그리고 집에서는 부모님의 아들이자, 형의 동생이었다. 그러한 다양한 역할을 제대로 인지하고 환경에 맞게 유연하게 행동을 했다면, 직장에서 그리고 인생에서 어려움이 덜했을 것이다. 그러나 그 과정을 스스로 받아들이고 이해하는 것이 어려웠다. 누군가 내게 "원래 사람은 성격이 다중적이고 페르소나가 여러가지야."라고 조언을 해주었다면 더 원활하게 직장에 적응하고, 흔히 말하는 '사회생활 잘하는 사람'이 되었을까?

또한 직장은 생계를 위해 노동을 제공하고 임금을 받는 곳으로, 부여받은 역할에서 비롯된 업무가 있으며 그 이상의 것을 지시받기도 한다. 그래서 업무를 수행하며 사내 동료와 경쟁 또는 협력업체 직원과 갈등이 존재한다. 직급이나 직위가 더 낮거나 수주업체 소속일수록 자신을 낮추는 것이 업무적으로 유리하다. 그런데 자신을 낮춘다고 해서 '굴복하는 것'이 아니며, 이를 위해서 필요한 것이 바로 가면(페르소나)이고, 가면은 마음의 긍정성에서 시작한다. 바로 영화 〈주토피아〉에서 그 모습을 발견할 수 있다.

닉은 정말 교활한 여우인가?

〈주토피아〉는 2016년 개봉한 픽사(pixar)의 애니메이션으로, 우리나라에서 470여만명이 관람했다. 주인공인 토끼 '주디'와 여우 '닉'이 모험을 통해 포식동물 연쇄 실종 사건을 해결하는 과정을 그렸다. 여성이 사회적으로 받는 차별(유리천장 등)과 다수자가 소수자에게 가하는 폭력(역차별)을 그려내, 재미와 감동을 두루 갖춘 영화로 평가받았다. 우리가 주목할 점은 '어린 주디와 닉이 어떻게 페르소나를 형성해 왔는가'이다.

어린 주디는 부모님께 "경찰이 되겠다."고 말하지만, 부모님은 "토끼는 당근 농장을 일구며 사는 것이 어울린다."고 만류한다. 주디는 이에 기죽지 않고 학예회에서도 "경찰이 되겠다."고 선언하지만, 어떤 친구나 이웃 어른도 '작고 약한 토끼가 경찰이 될 수 있다'는 것에 공감하지 않는다. 그러나 주디는 당찬 토끼였다. 동네에서 불량한 여우가 친구들의 공연 티켓을 빼앗자 용감하게 맞선다. 그 과정에서 여우가 뺨을 할퀴어 봉변을 당하지만, 결국 티켓을 되찾아 건네준다. 그 후 경찰이 되기 위해 고향을 떠나 사관학교에 입학하지만, 학교에서도 토끼라는 편견에 놀림을 받게 된다. 그래도 굴하지 않고 노력한 끝에, 수석으로 졸업하고 당당하게 경찰이 된다.

어린 닉은 힘든 가정 형편에도 또래 친구들과 어울리고 싶어서 '주토피아 주니어 레인저스'에 입단한다. 또래 친구들이 반겨주지만, 밤이 되자 포식 동물이라는 이유로 재갈 물림을 당한다. 닉은 초식동물이 주류인 곳에서 '여우는 믿지 못할 동물이라는 편견'에 소수자로 역차별을 받고 왕따를 당한다. 불행히도 닉은 '여우이기 때문에 이런 대우를 받는다면, 차라리 교활한 여우로 살아가자'며 뒤틀린 다짐을 해버리고, 커서 사기꾼이 된다.

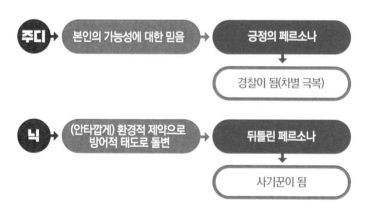

주디와 닉의 차이는 바로 '긍정성'에 있다. 어린 주디와 닉은 둘 다 심한 편견에 놓였지만, 주디는 토끼가 주는 인상과 신체 조건에 굴하지 않고 노력한 끝에 경찰이 되었고, 닉은 여

우라는 편견에 사로잡혀 사기꾼이 돼버렸다. 사람이 주어진 여건이나 사회 환경을 극복하는 것은 어려운 일이며, 그것을 극복하지 못한다 해도 잘못은 아니다.

그런데 주디가 "여태까지 경찰이 된 토끼는 없었다"는 편견을 의지와 노력으로 이겨낸 것처럼, 닉도 "여우는 약삭빠르고 믿지 못할 동물이다"는 편견을 이겨냈거나 그저 무시해버렸다면 사기꾼이 되지는 않았을 것이다. 닉은 사건 해결을 위해 주디를 돕고, 나무늘보와 친구를 할 정도로 넓은 마음씨를 가졌지만, '교활한 여우'라는 페르소나를 벗어나지 못한 꼴이다. 그렇게 뒤틀린 가면을 쓴 채 사기꾼이 돼버렸다.

도움TIP ❶ 긍정의 마음 키우기 긍정 인식과 감사 일기

우리는 본인의 성격이나 취향과 다른 태도로 사회생활을 한다. 기질적으로 내향적인 사람이 연습을 해서 학습된 외향형으로 보일 수 있고, 유쾌해 보였던 동료가 심한 우울증을 앓은 경우도 있다. 또한 "자리가 사람을 만든다"는 말처럼 내성적인 사람이 관리자 위치에 서면, 되려 아랫사람을 더 엄격하게 대하거나 업무 실적을 다그치는 경우도 있다. 관리자로서 '사람을 다루는 역할을 해야 한다'는 부담감에 자기 성격과 너무 동떨어지게 행동을 하는 것이다. 이런 행동은 여우 닉처럼 스스로를 지치게 하고 인간관계에 문제를 일으킨다. 낙담하지 않고 나를 지키며 원만한 직장 생활을 하기 위해서는 긍정의 마음가짐이 필요하다. 여기 두 가지 실행 방안이 있다.

첫째, 타인의 말과 행동을 긍정적으로 인식하는 것.

우리는 바쁘게 생활하다 보면 순간 인상을 찌푸리거나 부정적인 속마음을 드러낼 수 있다. 그럴 때, 동료에게 나쁜 인상을 심어줄 수 있고, 동료는 그 짧은 순간에 내 언행을 오해하거나 심지어 마음에 상처를 받을 수도 있다. 그래서 상대방의 입장에서 동료의 언행을 긍정적으로 이해하려는 자세가 필요하다. 그렇게 하다 보면 성격이 다르거나 이해 못 할 행동을 하는 동료도 받아들일 수 있는 여유가 생기고, 어느새 주변인들의 지지를 받는 사람이 되어 있을 것이다.

둘째, 감사 일기를 쓰는 것.

책상 앞에 자리 잡고 앉아 일기를 쓰는 것도 좋지만, 휴대전화 메모장에 그 날의 감사한 일을 기록하는 것도 방법이다. 업무에 많이 지쳤거나 사람에게 상처를 받았을 때 실천하면 좋다. 사람은 혼자 살 수 없기에 분명 감사한 일은 있다. 기록한 것을 일주일이나 한 달, 두 달 뒤에 펼쳐 보면 깨닫지 못했던 감정의 변화를 느낄 수 있다.

AI 면접 프로그램을 개발한 강소기업(고용노동부가 인증한 알짜배기 소기업) '마이다스 아이티'의 인사 최고 책임자는 직원이 갖춰야 할 4가지 덕목(긍정, 전략, 기술, 지식) 중에 긍정을 첫 번째로 꼽았다. 지식과 기술만을 가진 기능적인 직원보다 '스스로 할 일을 찾아 과정을 만들어 가는' 직원이 되기를 바란 것이다.

회사에 입사하면 낯선 동료와 환경, 구조적인 조직 생활, 계속해서 밀려드는 질문과 확인 요청, 제대로 진행되지 않는 업무에 둘러싸인다. **하지만 '이 시간을 견뎌내면 잘 될 것이다'라고 긍정하며 생활하면 시간 문제일 뿐, 분명 의미있는 직장 생활을 할 수 있다.**

02

〈악마는 프라다를 입는다〉 비서 앤디와 선배 에밀리

직장에서
첫인상의 중요성

신입답게 행동하고, 셔츠는 넣어 입어

첫 회사에 입사했을 때, 부장님께 "더 신입답게 행동하라." 고 지적받은 적이 있다. 사회 초년생으로서 직장생활이 낯설고, 관공서 조직 문화에 적응하지 못한 탓이었다. 그 말을 '퇴근할 때까지 긴장 늦추지 말고, 더 발 빠르게 행동하라'는 의미로 받아들였다. 한번은 부서 내 농담하는 자리에서 같이 웃으니, 부장님께서 "선배들 말하는데 웃어."라며 말한 적이 있다.

농담 반, 진담 반의 느낌이지만, 지금 생각하면 그분은 마초(macho)적인 성향이 다분한 성격이었고, 돌이켜보니 나를 '정신교육'하려 했다는 생각이 든다. 이처럼 신입사원에게는 다양한 상황에서 신입다운 자세로 업무를 배우고 생활할 것을 요구한다. 이후에 경력을 쌓고 다른 기관으로 이직을 했지만 경력직원에게도 신입사원다운 자세를 기대한다는 것을 깨닫게 되었다.

첫 회사는 평상복 차림으로 근무하는 곳으로 특별한 행사가 아니면 격식 차린 정장을 입지는 않았다. 그래서 셔츠 모양에 따라 밖으로 내어 입은 적이 있었는데 다른 부장님께서 그 모습을 보더니 바로 "넣어 입으라."고 지시하셨다. '네가 그렇게 입으면 되겠어?'라는 눈빛과 함께 말이다. 선배들은 셔츠를 밖으로 내어 입은 것 이상으로 자유롭게 입고 다녔지만, 신입사원에게는 허락되지 않았다.

비단 나만의 문제는 아니었을 것이다. 입어야 할 옷이 마땅치 않고, 옷값을 충당할 만큼 월급이 넉넉하지도 않은 사회 초년생에게는 복장마저도 고민이다. 그래서 옷을 살 때마다 조직 문화와 개인 스타일 사이에 갈등이 생긴다.

　앞에서 언급한 자세와 복장은 겉으로 드러나는 것들로 개인의 이미지를 간접적으로 보여준다. 이미지는 얼굴에서 드러나는 인상, 회사 업무와 직장 생활을 대하는 자세, 그리고 복장 등으로 이뤄진다. 그리고 이 요인들로 일상에서 평가를 받기도 한다.

　어떤 상사들은 아래 직원을 평가할 때, 식사하는 모습이나 외부인을 대하는 태도 등의 비중을 높게 둔다. 그래서 탕비실이나 복도에서 이를 닦는 행동, 슬리퍼를 신고 회사 로비에 내려가거나 바깥으로 물품을 사러 가는 행동 등은 가급적 삼가는 것이 좋다. 자신의 이미지에 생각보다 많은 영향을 주기 때문이다. 직급이나 직위마다 기준이 다르겠지만, 한번 만들어진 이미지는 바꾸기 힘들다. 우리도 협력사 직원이나 고객을 대할 때, 한번 남겨진 첫인상으로 상대방을 인지하고 판단하는 경우를 떠올려 보면, 회사 안에서 이미지가 얼마나 중요한지 새삼 깨닫게 된다.

　이미지는 평가뿐 아니라 장기적으로 평판과도 직결이 된다. 회사의 홍보 업무는 결론적으로 회사의 평판을 관리하는 것으로, 회사를 향한 여론이 잘못된 방향으로 진입하지 않도록 늘 주시하고 관리하는 것이다. 마찬가지로 개인의 이미지는 현재 인상을 넘어 향후 경력을 쌓아가는데 평판의 근거로 작용한다. 영화 〈악마는 프라다를 입는다〉에서 이미지(자세와 복장)의 중요성을 엿볼 수 있다.

너처럼 뚱뚱한 비서는 처음이야!

주인공 앤디는 대학을 졸업하고 시사 기자가 되기 위해 뉴욕에 온다. 그러나 취업이 만만치 않아, 기자직 대신 패션잡지 '런어웨이' 편집장 비서직에 지원을 한다. 편집장인 미란다는 그녀가 패션에 무지하며 뚱뚱하다고 판단했지만, 그녀의 학력을 보고 채용을 한다. 그러나 앤디는 조직 문화(패션업계)에 적응하지 못하고 겉돌기만 하고 결국 사고를 치고 만다. 그렇게 앤디는 회사를 그만두려고 결심한 순간에 자신의 부족함을 깨달으며 과감하게 메이크 오버를 실행해, 바뀐 자세를 보여주고 업무 성과를 내기 시작한다.

앤디는 패션보다는 사회와 노동 문제에 관심이 많다. 그래서 입사해서 부여받은 구두(하이힐)를 신지 않는다. 런어웨이에서 일하는 직원들은 남녀 가리지 않고 구두를 신어야 하는데 그를 따르지 않은 것이다. 그리고 그들은 모델이 아니지만, 몸매 관리를 위해 늘 다이어트를 하고 있다.

　　그녀에게 그런 모습들은 우스울 뿐이고, 미란다와 각 분야의 팀원들이 모여 표지 의상을 논의하는 컨셉 회의에서 코웃음을 치는 실례를 범한다.

미란다 : "벨트는 어디 있는 거야? 왜 아무도 찾지 않지?"
팀원 : "여기요, 둘 중 선택하기 너무 어려워요."
미란다 : "으음..."
앤디 : (코웃음)
미란다 : "뭐가 웃기지?"
앤디 : "아니요. 제 눈에는 두 벨트가 똑같아 보여서요."

　　그녀를 앞에 두고 미란다는 이렇게 꾸짖었다. "네가 비웃는 이 색깔이 지난 몇 년간 수백만 달러의 재화와 일자리를 창출했는데 무엇이 우습지? 넌 수수하고 지성미 있는 척 서 있지만, 패션계를 비웃고 있지?" 그녀가 패션을 대하는 기본 자세를 지적한 것이다.

앤디는 여러 직원들 앞에서 망신을 당하자, 그간 쌓아온 설움이 폭발하며 선배 직원인 나이젤에게 가서 하소연을 하며 "그만하고 싶다."고 말한다. 나이젤은 그녀에게 "네 자리에 들어오기 위해 살인도 마다하지 않을 여성이 수백 명인데, 네가 정말 노력한 것이 뭐야?"라며 묻는다. 그녀는 그제야 깨닫는다. 친구들이 말한 것처럼 비서 자리를 그저 서류 정리나 식사 준비를 하는 정도로 생각한 것은 아닌지 그리고 자신이 몸담은 회사 문화에 공감하기 위해, 무슨 노력을 해봤는지 반성을 한다.

그리고 그에게 메이크 오버를 간절히 요청하고 다이어트까지 하며 달라진 모습을 보여준다. 선배 비서인 에밀리가 놀랄 정도로 태도와 자세의 변화를 보여준다. 그리고 변화를 알아차린 미란다는 그녀에게 여러 미션을 부여하고, 그녀는 성공적으로 수행하며 신뢰를 얻어 결국 선배를 제치고 파리 패션쇼 수행까지 도맡게 된다.

도움TIP ❷ 인상 변화를 위한 쉬운 도구 대답과 웃음

직장에서는 각자 위치에 따라 부여되는 인상(image)이 있다. 일반적으로 직장은 업종과 규모에 따라 다르지만, 직원을 사원-대리-과장-차장-부장의 단계로 직위를 정해놓는다. 그에 따라 각 직위에서 수행해야 할 역할이 있다. 부서 막내로 업무를 열심히 배우고 익히며 궂은 일을 맡는 '사원', 부서의 갖은 실무와 운영을 맡는 '대리', 업무와 후배 지도에 있어 중간 관리 역할을 하는 '과장', 부서의 차상위자로서 부서원의 실적과 부서 성과를 관리하는 '차장', 부서 관리자로서 업무 분장권과 재량권을 가지는 '부장'이 있다. 앞서 말한 것처럼 그 위치에 따라 부여받는 역할이 있고 그에 어울리는 인상이 있다.

따라서 그 인상에 적합한 행동을 해야 한다. '선배의 지시를 잘 따르며 후배를 잘 인솔하고, 동기들과 잘 어울리며, 일도 소통도 원활한 사람'을 원한다. 신경 써야 할 점이 정말 많은 것이다. 적합한 행동으로 하루 아침에 좋은 인상을 보여주는 것은 어렵다. 그러나 업무뿐 아니라 일상에서 좋은 인상을 심어줄 수 있는 방법은 '대답'과 '웃음'이다.

첫째, 직장에서 일을 잘하는 것 이상으로 호감을 줄 수 있는 것은 바로 대답이다. 상대방의 의사를 제대로 파악하고 대답하는 것,

그리고 실시간 응답으로 서로의 피로도를 줄이고 실없는 농담이지만 말하는 사람의 의도를 파악하고 반응해주는 것들이 쌓여 호감을 이룬다. 직장에서 일을 하다 보면 같은 공간에 있는 팀원들끼리 대답을 잘 하지 않는 경우가 종종 있다. 그것을 '무기'라고 생각하면 소통은 거기에서 멈춘다.

대화 시간은 무엇보다 중요하다. 업무나 회의 시간보다 식사나 간식 시간에서 자기 생각과 감정을 드러내거나 동료의 어려운 점을 풀어줄 수 있기 때문이다. 이때 중요한 것이 바로 대답이다. 서로 응답을 하면 서로 간에 유대감이 생기고 안 풀리는 업무도 해결할 자리를 만들 수 있다. 무엇보다 적절한 대답은 대화나 회의에서 서서히 주도권을 가져올 수도 있다. '프로 리액션러(Pro Reaction-er)'라는 신조어도 있지 않은가.

둘째, 인상 변화를 위한 또 하나의 도구는 바로 '웃음'이다. 감정에 반해서 억지로 웃을 필요는 없지만, 웃음은 스스로를 보호하는 막 같은 것이다. 웃는 사람에게 근거 없이 화를 내거나, 터무니없는 요구를 할 순 없다.

만약 그렇게 했다고 해도 그 상황을 바라보는 동료들은 나를 이해할 것이다. 그리고 웃음에는 이유가 없다. 해가 떠서 해가 질 때까지 직장에서 보내는데, 그 하루를 즐겁고 재밌게 보낼 수 있다면 그것으로 보람된 하루이고 만족스런 직장이지 않을까 생각한다.

앤디는 끝내 패션계에 머무르지 않고 그토록 원하던 시사 기자로 전직에 성공한다. 그녀가 보여준 자세에 감동 받은 미란다가 그녀에 대한 평판 조회에 자필로 회신함으로써 큰 도움을 받을 수 있었다. 비서로서의 자세가 그녀에게 새로운 길의 시작을 선사한 셈이다. 그런데 이는 선배 비서 에밀리도 마찬가지다.

에밀리는 영화 초반 앤디의 몸매와 옷차림을 비웃었기에 악역으로 보일 수 있으나, 1년 중 최대 파티인 파리 패션쇼에 가기 위해 지독한 감기에 걸려서도 '나는 일을 사랑한다, 사랑한다' 주문을 외운 채, 부들부들 떨며 자리를 지킨다. 파리에서 그녀에게 쏟아질 관심과 화려한 옷들을 위해 하루에 치즈 한 조각으로 버틸 만큼 집념이 대단하다. 누구에게는 허세나 허황으로 보이는 패션이 그녀에게는 목숨만큼 중요한 것이다.

그리고 미란다가 일하는 방식, 음식과 커피 취향까지 대부분의 것을 꿰뚫고 있다. 대답은 말하는 것에 대한 답변만이 아니다. 말하지 않아도 손발이 맞는 것이 호흡에 기반한 대답이고 응답이다. 또한 그녀는 친절하지 않았지만, 앤디에게 업무별 주의사항을 꼭 인계했다. 주인공 앤디에게 가려졌지만, **그녀는 이미 직장인으로서 자세를 도도하게 갖추고 있었다.**

03

〈트루먼쇼〉 트루먼의 '진정한 나를 찾아서'

직장인의 성장점은
나를 벗어나기

직장 생활의 성장은 자신을 벗어나는 것부터

직장 멘토에게 꾸중을 들은 적이 있다. "다른 동료들의 비판에 대해 수용하는 자세가 부족하다."고 말씀하셨다. 한편에는 '반성을 해야겠다'는 생각이 들면서 한편으로는 '내가 정말 그렇게 살아왔나?'는 물음에 답을 찾으려고 했다.

우리는 평소에 서로를 평가한다. 일상생활이나 업무과정 등 여러 상황에서 상대방을 인지·평가하고 이를 연말 평가에 반영한다. 다면평가에서 동료(선·후배, 동기)를 평가하고 그 결과를 통해 자신의 장·단점이나 강·약점에 대해 객관적으로 알게 된다.

그런데 비판 또는 비난을 담은 내용을 눈 앞에 두고, 어떤 변론도 하지 못한 채 받아들이며 개선의 의지를 다지는 것은 쉬운 일이 아니다. 그럼에도 우리는 비판을 수용하며 변화해야 동료와 함께할 수 있고, 지속적인 회사 생활을 이어갈 수 있다. 그러기 위해 유연성이나 개선 의지에 앞서 자율성이 필요하다. 자아가 주체적일 때, 타인을 유연하게 대하고 비판도 겸허히 수용할 수 있기 때문이다.

심리학에는 '조명 효과'라는 현상이 있다. 자기 자신을 연극 무대에 선 주인공으로 여기고, 주변 사람들을 '상상 속의 청중'으로 대하는 것이다. 그러나 다른 사람들이 나를 주시할 때,

나를 주시하는 것은 바로 나 자신이다.[2]

　　스스로 조명을 벗어나지 못하면 현실을 왜곡되게 바라보고, 관계 또한 왜곡하게 된다. 영화 〈트루먼쇼〉에서 주인공 트루먼이 초거대 세트를 탈출하는 모습에서 우리는 '조명을 벗어나는 과정'을 공감할 수 있다.

트루먼 초거대 세트를 탈출하다!

　　태어난 순간부터 30년 동안 자기 인생이 전 세계 사람들에게 방송되는 것을 모르는 남자, "굿애프터눈, 굿이브닝, 굿나잇!" 매일 아침 이웃에게 하루 인사를 쏟아낼 만큼 다정한 남자, 트루먼이 있다. 그는 초거대 세트인 섬에서 줄곧 살아왔는데 그를 둘러싼 모든 것은 설정이다. 어머니, 아내, 친구는 배역을 맡은 연기자이며 그들이 쓰는 물건은 대부분 광고 물품(product placement)이다. 그의 일거수일투족을 항상 쫓아다니는 카메라와 연기자 몸에 부착된 초소형 카메라가 트루먼의 일상을 전세계 사람에게 낱낱이 중계한다.

---

2) 김혜남 지음, 『서른 살이 심리학에게 묻다』, ㈜웅진싱크빅, 초판, 2008

이 영화는 유명 TV쇼에 빗대어, 세상의 모든 것을 송출하려는 방송 시스템의 무서움과 시청자이자 타인으로서 한 개인의 일상과 인생을 낱낱이 보고 싶어 하는 관음증적 욕망을 표현한 영화이다. 영화를 보고 나면 '혹시 내 방에도 관찰 카메라가 설치되어 있지 않은지' 둘러보게 만드는 은근 섬뜩한 구석이 있는 영화이다.

내가 트루먼이었다면 어떤 행동을 취했을까? 30대에 안정된 삶이 보장된 섬을 벗어나 미지의 땅을 밟는 도전을 했을지 아니면 지금 세계에 안주했을지, 자신에게 대입해보면 참 어려운 문제이다. 그럼에도 우리는 사실을 파헤치려 드는 트루먼을 마음속으로 응원하며, 끝내 비상구 밖으로 걸어나간 그의 모습에 감동을 받는다. 우리는 트루먼이 처한 세계가 가짜이고, 그가 추구하고자 하는 것이 진짜임을 알기 때문이다.

트루먼은 자신을 구속하고 속박했던 모든 것을 버리고 거대 조명 아래를 벗어난다. 그는 안정된 삶을 버린 대가로 낯선 세상에서 큰 고생을 할 것이다. 사랑을 찾아 피지섬으로 떠났으나, 그 사랑이 오래가지 않을 수도 있다. 그러나 가장 중요한 것은 그가 오롯이 자립했다는 것이다. 더는 주변 사람들과 지난 일들을 의심하지 않고 불필요하게 인생을 허비하지 않을 것이다.

도움TIP ❸ 인생 그래프로 조명효과 벗어나기

조명 효과와 비슷한 신화를 우리는 알고 있다. 호수에 비친 자기 모습이 너무 아름다워 물에 빠지는 죽음을 선택한 '나르키소스' 이야기이다. 우리는 나르키소스가 아니라 트루먼이 되어 자신을 객관적으로 돌아보는 시간을 가져야 한다

조명 효과를 벗어나는 쉬운 방법은 인생 그래프를 그려보는 것이다.

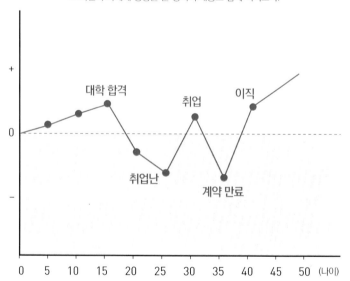

나의 인생그래프

과거에 겪었던 사건들을 회상해 보면서
그 사건이 나에게 영향을 준 정서적 내용도 함께 적어보자.

첫째, 흰 종이에 모음 'ㅏ'자를 그리고 교차점을 '0'으로 잡는다. 가로축은 나이(5살, 10살)를 단위로 잡고, 세로축은 0점을 기준으로 위쪽은 성공과 행복, 아래쪽은 실패와 불행의 방향으로 삼는다. 각 나이대를 기준으로 중요한 사건(가족, 우정, 연애, 학업, 취업, 사업 등)을 되돌아보며 그 정도에 맞는 점을 찍어 나간다. 그 점들을 이어보면 인생의 굴곡이 보이고 급격한 변화 지점(변곡점)도 보일 것이다. 당시에 나는 무슨 행동을 어떻게 했는지, 타인은 나를 어떻게 대했고, 사건의 상황이 어떠했는지를 적어본다. 그리고 변곡점까지 추이를 쫓아가며 자신을 객관적으로 파악해본다.

둘째, 기록을 멈추고 곡선을 천천히 눈으로 살피면서 잠재적으로 추구해온 것이 있는지를 생각해본다. 시나리오 작가들이 작품을 쓸 때, 사용하는 '추구의 플롯'이란 방식이 있다. 김영하 작가는 이를 다음과 같이 설명했다.

추구의 플롯으로 구축된 이야기들에는 대부분 두 가지 층위의 목표가 있다. 주인공이 드러내놓고 추구하는 것(외면적 목표)과 주인공 자신도 잘 모르는 채 추구하는 것(내면적 목표)이다. 잘 쓰인 이야기는 주인공이 외면적으로 추구하는 목표가 아니라 내면적으로

간절히 원하던 것을 달성하도록 한다. 그런 이야기가 관객에게 더 깊은 만족감을 주기 때문이다.[3]

인생에는 스스로 의식하지 못한 채 또는 감지했으나 자세히 생각해보지 않은 플롯이 있다. 우리는 트루먼이 진실을 향해 다가가는 과정을 응원하고 지지한다. 그는 가상의 세계에 살고 있음을 모르지만, 우리는 알고 있기에 그가 끝내 진실을 깨닫는 모습에서 감동을 받는다. 마찬가지로 우리는 지난 시간 동안 남몰래 또는 남에게 말하기 어렵지만, 추구하고자 하는 바가 있다. 이를 곡선에서 발견하고 자립하는 것이다.

가벼운 고백이다. 처음 직장생활을 시작했을 때, "어두워 보인다."는 말을 들은 적이 있다. 내향적이고 진지한 성격에 업무의 양과 질로 받는 스트레스가 크게 더해져, 힘들어하는 모습이 그렇게 드러났을 것이다. 심할 때는 "어디 아프냐"고 묻는 선배도 있었다.

---

3) 김영하 지음, 『여행의 이유』, 문학동네, 초판, 2019

우스운 것이 오히려 그런 말들이 생활을 더 힘들게 했다. 내 맘은 그렇지 않은데, 오히려 이 상황을 어서 벗어나고 싶은데 그렇게 보여지는 자신이 싫었다. 보란 듯이 일을 더 잘 해내고 싶었지만, 압박감만 더 늘어났다. 그때 정말 필요했던 것은 쉽게 나를 벗어나는 것이 아니었을까 생각한다. 그때의 내게 **'그런 상황은 아무것도 아니니 웃으며 가볍게 넘겨버려'**라고 말해주고 싶다.

04

〈악마는 프라다를 입는다〉 **나이젤과 크리스천**

인간관계는
어떻게 쌓을까?

직장에서는 지식이 무기일까?

첫 직장에서 선배가 이런 말을 했다. "태영씨, 직장에선 지식이 가장 무기야." 당시 속한 직장은 직원 간에 분열과 개인주의가 심한 곳이었다. 직무교육이나 선배의 조언 없이 직장생활을 시작했던 내게 그 말은 마치 신념처럼 다가왔다. 그렇게 문서를 뒤지며 규정을 공부하고 지식을 쌓았고, 효과가 있었는지 2년의 회사 생활 동안 부서를 3번이나 옮겼다.

해당 부서에 전사 차원의 이슈가 발생할 때마다 각 부서로 배치가 된 것이다. 옮길 때마다 적응을 해야 했기에 육체적으로 힘들었고 불만도 있었지만, 선배가 말한 '지식이 무기다'는 말이 증명되고 있음을 깨달았다. 그러나 이직을 하고 직장생활 7년차가 되자, 오히려 그것은 독이 되었다. 직장에서 그래도 더 중요한 것은 지식보다는 인간 관계(업연)이기 때문이다.

10년 동안 회사를 3번 이직했는데, 업무에 어려움이 있고 갈등에 막힐 때마다 이전 직장의 선배나 동료에게 도움을 받았다. 참 묘하게 당시 속해 있는 직장에서 해답을 얻는 것은 한계가 있었다. 사람도 자신의 강점과 한계에 대해 객관적으로 아는 것이 힘든 것처럼 조직도 그러한 것 같다.

겸손하게 생활했다고 하지만, 지식과 기능을 무기로 삼아와서인지 나도 모르게 자존심이 세졌나 보다. 뒤돌아보니 업무를 통해 비추어진 내 모습은 다가서기 어렵거나 날이 서 있는 이미지였을 것이라 생각된다. 그래서 업무적으로 막혔을 때, '이전 직장'의 선배나 동료에게 전화를 걸어 답을 구했는지 모른다. 스스로 일을 해서 업무 성취를 했다기보다는 '여러 의견들이 나를 거쳐서 자리를 찾아갔다'는 생각을 한다.

　　지금은 지식이나 기능보다는 동료들의 업무 진행 상황이나 개인사에 관심을 더 갖는다. 업연을 맺고 함께 해야 하는 사람이면 안부를 묻거나 대소사를 챙긴다. 누구에게는 아부나 정치질로 비추어질지 모르겠지만, 중요한 것은 '사람은 함께 살아간다'는 것이다. 지식을 넘어 지혜가, 기능을 넘어 융합이 필요하지만 그에 앞서는 것은 관계에서 비롯되는 유대감 또는 연대감이 형성되어야 한다는 것이다.

앤디의 성장은
동료들이 있었기에 가능

〈악마는 프라다를 입는다〉에서 주인공 앤디의 변화와 성장을 이끄는 '결정적 역할'로 중역인 나이젤이 등장한다. 나이젤은 앤디의 메이크 오버를 도와주면서, 자신의 성장 과정을 말한다. "런어웨이는 그냥 잡지가 아니야. 아일랜드 촌구석에서 6형제 막내로 태어난 내가 축구 몰래 봉제를 배우며 읽은 그것은 '찬란한 희망의 등불'이었어." 그가 런어웨이에 입사한지 18년 째, 디자이너 제임스 홀트가 세계적 규모로 그의 브랜드를 출시할 때, 나이젤은 파트너로 낙점이 되었다. 그러나 미란다의 정치(인사) 전략에 막혀 좌절되었고 그때 앤디가 그에게 물었다.

앤디 : "언젠가 또 보상을 받을 기회가 있겠죠?"
나이젤 : "아니, 없을 거야. 그렇지만 있다고 믿어야지, 믿을 거야."

이런 신념을 가진 선배가 조언을 하고 도와주었기에 앤디가 발판을 마련할 수 있지 않았을까? 또한 미란다가 앤디를 내쫓기 위해 미출간된 해리포터의 다음 시리즈를 구해오라는 미션을 주었을 때, 앤디를 구해낸 것은 바로 친구의 전시회에서 만난 작가 '크리스천 톰슨'이었다. 그 작가가 없었다면 앤디는 전직은 고사하고 당장 해고를 당했을 것이다. 이렇게 인간관계가 업무를 풀리게 한다.

인간은 감성적이고 정서에 민감하다

"인간은 옳은 사람보다는 좋아하는 사람의 말을 듣는다"는 말이 있다. 이 말을 뒷받침해주는 사례로 '호손 실험'이 있다. 1930년대 미국 대공황 이후에 '노동자에 대한 물질적 보상 방법의 변화가 생산성을 증대시키는지' 검증하는 실험이었다.[4] 결론적으로 변인 통제가 제대로 이루어지지 않아(8년 동안 노동자들이 '자신들이 실험에 참가하고 있다는 것'을 인식함) 그 실험 결과는 학문적으로 평가받기 어려웠다.

그러나 노동자는 과학적 관리론에 의한 기계적 취급으로 대할 것이 아니라, 조직 구성원으로서 사회적·심리적 욕구를 배려하며 조직 내 비공식집단(대인관계, 사내 세력관계)을 주목하고 민주적·참여적 관리 방식으로 대하면 생산성이 증가한

---

4) 온라인 행정학 전자사전 www.kapa21.or.kr

다는 사실을 발견했다. 무엇보다 경영자의 관심을 인간적·사회적 요소로 돌리는데 결정적 역할을 했다는 평가를 받았으며, 이후에 데일 카네기의 '인간관계론'에 큰 영향을 주었다.

위 호손 실험 결과는 이성적·합리적 판단과 행동보다는 감성적·정서적 공감과 소통이 인간의 행동에 더 큰 영향을 끼침을 의미한다. 그래서 원활한 인간관계와 원만한 의사소통을 위해서는 자신이 어떤 유형의 사람인지를 판단하며, 상대방은 또 어떤 유형의 사람인지 파악하는 것부터 시작해야 한다.

도움TIP ❹ 나와 남의 소통을 위한 '성격 유형 검사' 활용하기

상대방이 어떤 유형의 사람인지 판단하는 것은 응대 방식을 달리할 수 있는 첫 단계이다. "사람은 쉽게 변하지 않는다"는 말이 있다. 인간은 자신도 의식하지 못한 채 부모님의 말투나 식습관, 행동 기준을 배우고 자라온 환경에 지배를 받는다. 그렇게 무의식적으로 형성되어 온 모습을 성인이 되어 파악하기란 쉽지 않다. 태어나서 살아오고, 거쳐온 사건들을 면밀하게 되돌아보고 객체로 바꿀 수 있어야만 가능하다.

그래서 직장생활을 시작할 때, 나는 어떤 성향을 갖고 있으며, 타인이 나를 어떤 유형의 사람으로 바라볼지 예상해보는 것이 중요하다. 그래야만 타인과의 접점을 마련할 수 있고, 타인도 이해할 수 있는 여유가 생긴다. 더 나아가 상사의 성격과 행동 유형을 빨리 파악하고 맞추면 자연스럽게 업무가 편해진다.

성격 유형을 판단하는 검사는 여러 가지이다. MBTI, DISC, ENNEAGRAM 등이 있는데 각 차이는 다음과 같다. MBTI는 타고난 기질에 대한 심리학적 검사이며, DISC는 현재의 행동 유형에 대한 관습적 검사이고, ENNEAGRAM은 성격을 포함해 영적인 영역이 추가된 것이다. 여기서는 비교적 간편한 유형인 DISC를 대표적 히어로 영화인 〈어벤져스〉 캐릭터에 대입해 살펴보겠다.

DISC 검사는 행동 유형 검사로 1928년 미국 콜롬비아 대학교 심리학 교수인 윌리엄 몰튼 마스톤(Willam Mouston Marston) 박사가 창안한 것으로 '인간이 환경 속에서 자신의 힘을 어떻게 인식하느냐'에 따라 주도형(Dominance), 사교형(Influence), 안정형(Steadiness), 신중형(Conscientiousness)의 네 가지 형태로 행동함을 주장하고 있다. 크게 주도형과 사교형은 외향적, 안정형과 신중형은 내향적으로 나눌 수 있다. 일과 사람 관계에 있어 주도형은 지배적으로 주장하는 바가 강하고 행동이 앞서며, 사교형은 즉흥적으로 인간관계를 중시하고 활발하다. 그리고 안정형은 감성적으로 안정을 추구하고 깊은 관계를 유지하는데 집중하며, 신중형은 합리적으로 명확하고 직설적이다.

첫째, **주도형 인물에 '아이언맨'과 '캡틴 아메리카'가 속한다.** 아이언맨은 사건이 발생했을 때 대책을 제시하고 자원을 풍부하게 제공하면서 해결해 나간다. 그리고 캡틴 아메리카는 공동체(팀, 조국) 의식을 중요시하며 단결력을 강화한다. 그러나 둘의 주도 방식이 다른 탓에 〈캡틴 아메리카:시빌워〉편(히어로 등록 법제화 논란)에서 두 리더십의 극한 대립을 보여준다.

둘째, **사교형 인물에 '토르'와 '블랙 위도우'가 속한다.** 토르는 천둥의 신이지만, 인간들과 안정된 관계를 유지하며 지구의 평화를 위해 전면에 나서 싸운다. 또한 블랙 위도우는 실험에 의해 성장한 암살자이자 정부 요원으로 넓은 유대를 구축하며 활동한다.

셋째, **안정형 인물에 '호크 아이'가 속한다.** 그는 영웅보다는 인간에 가까운 모습을 보이며 가족애를 중시한다. 그리고 앞장서기보다는 멤버들을 뒤에서 지원 사격하며 싸운다.

넷째, **신중형 인물에 '헐크'가 속한다.** 헐크로 변하기 전에 브루스 배너는 과학자로서 합리적 사고를 강조하고 분석을 통해 대안을 제시한다. 다만, 그가 헐크로 변했을 때는 주도형 인물이 된다.

위의 방법처럼 나와 상대방이 어떤 유형에 속하는지 알아보고 상응해보는 과정이 필요하다. '타인이 나를 어떤 성격으로 파악할지' '나는 타인을 어떤 인물로 대할지' 고민하면서 적절하게 인간관계를 형성할 수 있다. 주의할 점은 인간은 한가지 유형만 지니는 것이 아니라는 점이다. 인간은 상황에 따라서 적응하기 때문에 여러 유형이 혼재되어 있다.

온라인 상에는 DISC 검사 등 무료로 진단할 수 있는 검사가 여럿 존재한다. 시도해보고 업무와 관계의 소통 방식에 변화를 주면 좋다. 더불어 각 검사의 유래와 개요를 파악하는 것 자체가 타인을 이해하는 과정이 되며, 주위 사람에게 진단을 진행 해보는 것이 효과적인 소통 도구가 될 수도 있다.

자신이 프로젝트 수행을 위해 임시 팀을 꾸린다고 할 때, 어떤 동료를 어떻게 구성할지 상상해 보는 것도 즐거운 일이다. 만약 주도형의 사람만 있는 부서는 "사공이 많으면 배가 산으로 간다"는 말처럼 서로 고집을 부려서 업무의 방향성을 잡지 못할 수 있다. 사교형만 있는 부서는 분위기는 좋지만 업무 진행이 더딜 수 있고, 드러나지 않은 갈등이 곪아있을 수 있다.

　　또한 안정형만 있는 부서는 도전 정신이나 진행 방식에 대한 창의성이 꽤나 부족할 것이며, 신중형만 있는 부서는 분위가 차갑거나 이기주의 성향이 심할 수 있다. 그래서 **다양한 성격의 사람이 모여야 건강한 팀이 될 수 있다.**

05

〈인턴〉 창업자 줄스와 시니어 인턴 벤

나는 어떤 팔로워가
될 것인가?

문서 작성은 모두 휴먼명조체로?

공공기관에서 근무를 하면 '휴먼명조체'에 익숙해져야 한다. 처음 서면 보고를 했을 때, 부서장님께서 문서 작성은 모두 그 서체로 하라고 지시를 하셨으나, 사용하고 익숙해지는데 꽤 시간이 걸렸다. 가독성이나 심미성 관점에서 다른 서체들이 더 좋아보였기 때문이다. 게다가 본문은 그 서체를 사용해도 표 안이나 특이사항도 그렇게 써야 하는지 고민을 하곤 했다.

모든 문서를 한 가지 서체로 통일해서 작성해야 한다는 기준에 은근한 반발심도 고민의 이유였다. 그러나 얼마 지나지 않아 소속했던 기관뿐 아니라, 정부 모든 부처가 공통되게 그 서체를 사용한다는 것을 알게 되었다. 그 이후로는 문서 규칙을 찾아서 글씨 크기나 줄 간격 등의 방침을 알아서 따르게 되었다. 회사마다 내용은 다르지만, 일관되게 지켜야 할 문서 규칙이 있다. 문서뿐만 아니라 파일명이나 폴더명도 그 규칙을 따라야 한다.

직장에서는 문서 작성 뿐 아니라 지켜야 할, 명문화된 규정 또는 보이지 않는 관습이 존재한다. 직장은 조직 생활이고 고유한 문화가 존재하기 때문이다. 그래서 신입이든 경력이든 후임자(follower)로서 그 문화를 따라야 한다. 여기에는 상사의 업무 명령이나 지시를 이행하고 지원하는 것 이상의 노력이 필요하다. 이는 업무나 인간관계에서 비롯되는 실질적인 역할을 이해하고 행동할 때, 비로소 한 명의 구성원으로서 자리매김할 수 있다. 그래서 팔로워로서 인식과 실행이 중요하다. 영화 〈인턴〉에서 그 사례를 살펴볼 수 있다.

〈인턴〉 줄거리

영화 〈인턴〉은 온라인 쇼핑몰 창업 1년 6개월만에 200명 이상의 직원이 함께하는 회사로 성장시킨 30세 창업자 줄스와 70세에 시니어 인턴으로 채용된 벤이 등장한다. 30대 경영자와 70대 인턴이 직장생활과 인생에 선한 영향력을 주고 받는 영화이다. 줄스는 젊은 여성 기업가로, 빠른 시간에 회사를 성장시켰다. 그 속에는 그녀의 꼼꼼한 열정(직접 불만 고객 전화 응대, 제품 포장 방법 세부 지시, 회의 진행 주도 등)에서 비롯된 성취이다. 직원들은 그런 그녀가 부담스럽지만, 그녀의 열정과 의지가 회사를 키워낸 것임을 잘 알고 있다.

하지만 매일 회사 규모와 직원 역량을 벗어나는 문제가 발생하고 이에 투자자들은 줄스에게 전문 경영인(CEO)을 채용할 것을 요구한다. 그러나 그녀는 자신 위에 상사가 존재해야 한다는 점을 받아들이지 못하며, 경영인을 고용했을 때 결국 자신의 위치가 사라질까 두려워한다. 엎친 데 덮친 격으로 '직장활동까지 중단하며 가정에 헌신해 온' 남편마저 바람을 피기 시작한다.

그러던 중 시니어 인턴 벤이 입사하고, 그의 조언을 듣고 따르니 조금씩 문제가 해결되기 시작한다. 그는 부드러우면서 활달한 성격으로 동료들을 도우며 신뢰를 얻고, 심지어 남편과 딸에게도 호감을 사며 줄스 인생에 있어 꼭 필요한 사람이 되어 간다. 이런 상황에서 그녀는 회사와 가정을 위해 어떤 선택을 했을까?

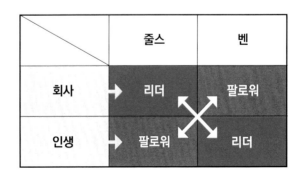

팔로워로서 줄스

줄스는 30대라는 이른 나이에 성공한 사업가가 되었다. 하지만 인생에 있어 그녀는 인턴이라고 할 수 있다. 그래서 회사 업무가 아닌 인생에 문제가 발생했을 때, 피로감과 부담감을 잔뜩 받으며 어떻게 해야 할지 고민한다. 그러다 차츰 벤에게 의지하게 된다.

'엄마는 테러리스트같아'라는 메일을 실수로 엄마에게 전송하고 혼란에 빠져 동료들에게 도움을 구하지만, 결국은 벤이 팀을 꾸려 해결을 한다. 그리고 벤과 함께 경영인 영입을 위한 출장을 가서 남편의 외도에 대해 서글픈 감정을 토로하고, 벤에게 조언을 구한다.

줄스는 결정적으로 경영인 타운젠드를 면접하고 그 자리에서 고용을 구두 약속하지만, 다음날 바로 철회한다. 그리고 그 결정을 굳히기 위해 벤의 집으로 직접 찾아가 응원의 말을 듣는다. 그녀는 회사에서는 대표이지만 인생에서는 자신이 인턴임을 자각하고 자신보다 경험이 많은 벤에게 조언을 구하고 때로는 전적으로 의지한다. 그녀는 벤에게 이렇게 말한다. "우리는 베스트 프렌드잖아(We are best friends)."

팔로워로서 벤

벤은 전화번호부를 만드는 회사에서 40년 이상 근무를 하고 은퇴했다. 아내와 사별한 뒤, 전세계를 여행하고 돌아와 '계속 움직여야 한다'는 생활 원칙을 실천하고 있다. 그는 매일 아침 7시 40분에 스타벅스에 출근 도장을 찍는다. 그러던 중 식료품점에 붙어있는 시니어 인턴 모집 공고를 보고, 자기 홍보 영상을 제작하고 면접을 통과해 채용이 됐다. 그리고 회사 대표인 줄스를 지원하는 직무에 배정받았다.

그러나 사무실에서 자전거를 타고 다닐 정도로, 분초를 다투며 바쁘게 움직이는 줄스는 노년의 벤이 썩 맘에 들지 않고, 어떠한 지시도 내리지 않는다. 벤은 하루 내내 지시를 기다리다, 결국 일을 찾아서 한다. 물품을 나눠 주는 직원을 도우며 대신 수레를 끌어주고, 아무도 치우지 않아 산더미같이 어지러운 책상을 말끔하게 치운다. 정식 업무는 아니지만, 신입 인턴으로서 궂은 일을 수행함으로써 그는 줄스뿐 아니라 회사 동료들의 호감을 얻는다.

줄스의 운전기사가 근무 시간에 몰래 음주하는 것을 발견하고 스스로 물러날 여지를 주고, 자신이 운전을 자처하며 수행 비서로서 자리를 잡는다. 게다가 동료의 계약 업무, 집 이사 문제, 연애 고민 등 다양한 일에 조언을 해주면서 멘토로서 이미지를 구축한다. 자칭 '모두가 삼촌으로 대하는 것 같다'며 너스레를 떨기도 한다.

하지만 줄스는 일과 인생에 대한 경험이 풍부한 벤이 왠지 모르게 부담스럽다. 자신의 상태까지 곧장 파악해 소화 잘 되는 수프를 준비하는 벤, 그녀는 그가 마치 자신을 꿰뚫고 있는 느낌을 받았고, 또 가족과 빠르게 가까워진 벤을 보며 "너무 세심한(too observant) 벤을 부서 이동시키라"는 지시를 내린다.

그러나 며칠 후 그녀는 벤의 존재감을 깨닫고 전보된 부서에 직접 찾아가 그에게 사과를 한다. 그리고 그와 친구가 되고, 그의 경험에서 우러난 지혜를 받아들이게 된다. 이후에는 수행원 역할에 머물러 있던 그를 정식 비서로 승진시키고 보고서 검토까지 맡긴다. 벤은 스스로 업무를 찾아내 실행하며 동료의 호감을 사고, 결국 자신에 대한 신뢰를 확보한다.

직장에서는 일일이 이렇게 하라고 지시를 하지 않는다. 업무 과제를 받거나 방향성만 잡아주면 무슨 일을 어떻게 할지 기획해서 보고해야 한다. 일처리 과정에서 발생하는 문제 해결 대책이나 개선 방안도, 부서원이나 외부 담당자와 소통과 회의를 거쳐 진행해야 한다. 더군다나 청소나 물품 정리도 업무 영역에 속한다. 일과 생활을 '스스로 찾아서 하는' 사람은 동료들의 신뢰를 얻기 마련이다. 그러나 이 말들은 직장을 사회생활만이 아닌 인생으로 확장하면 인턴이나 신입사원에게만 해당되는 것이 아니다.

도움TIP ❺ 팔로워로서 협력(partnership)하기

지도(coaching) 분야에는 존 휘트모어의 GROW 모델론이 있다. 대화를 기반으로 인생이나 직장에서 문제 해결 과정을 지도하는 기법이다. 질문자를 리더, 응답자를 팔로워라고 가정했을 때, 각 단계에서 활용되는 질문을 이해하는 것으로 관계 형성과 소통에 도움을 받을 수 있다.

리더의 입장 (GROW)

1단계 – 목표(Goal) 설정	
질문 내용	"해결하고 싶은 문제가 있으세요?" "대화를 마쳤을 때 어떤 결과를 얻고 싶으세요?"

2단계 – 현실(Reality) 인식	
질문 내용	"현재 상황이나 입장에 대해 말씀해주세요." "주변에는 어떻게 설명 가능할까요?"

3단계 – 상황(Option) 분석	
질문 내용	"가장 먼저 해야 할 행동이 무엇입니까?" "당신 힘으로 변화시킬 수 있는 것이 무엇입니까?" "주변에 당신을 도와줄 사람이 있습니까?"

4단계 – 계획(Will) 수립	
질문 내용	"이 계획은 구체적이고 실현 가능한가요?" "이 계획을 실행하기 위해서는 주변 사람들에게 어떤 지원을 받아야 할까요?" "이 계획은 10점 만점에 몇 점일까요?"

이 질문을 리더가 아닌 팔로워 입장에서 바꿔보면 그 문장과 의미가 다르게 느껴진다.

팔로워의 입장 (GROW)

1단계 - 목표(Goal) 설정	
질문 내용	"현재 문제에 대해 드릴 말씀이 있습니다." "이 점을 업무 목표로 하고 있습니다."

2단계 - 현실(Reality) 인식	
질문 내용	"업계 흐름과 업무 현황 상, 제 입장은 이렇습니다." "타 부서에는 이런 설명이 가능합니다."

3단계 - 상황(Option) 분석	
질문 내용	"제가 이 순서로 우선 순위를 정하면 될까요?" "타 부서의 지원을 받을 수 있을까요?"

4단계 - 계획(Will) 수립	
질문 내용	"이 계획의 목적과 목표가 타당할까요?" "계획이 실질적 성과와 연결될지 검토해주십시오."

직장에서 업무를 하다 보면 기초적인 소통 부족으로 업무 효율이 떨어지는 사례를 발견한 적이 많다. 그 사례는 지시자(리더)가 수명자(팔로워)에게 지도나 지원을 했을 때 수시적인 반응이 없거나 중간 보

고가 없어서 업무가 늦어지는 상황에서 나타난다. 반대로 수명자가 지시자에게 검토나 확인을 바라지만, 회피하거나 방관하는 식으로 업무 진행되는 경우이다. 그래서 질문에 대답을 잘하는 것도 중요하지만, 반대로 질문을 잘하는 것도 팔로워에게는 매우 중요하다.

팔로워는 하위자나 후배에게만 해당 되는 말이 아니다. 동료의 업무 진행에 물품을 같이 준비하거나 모니터링(비판적 감시) 해서 피드백(영향)을 주거나, 타 부서 업무에 협조하는 것도 팔로워십이다. 또한 후임이나 후배가 적합한 방향으로 나아갈 수 있도록 묵묵히 힘을 실어주는 것도 그것이다. 물론 서로가 그 지지와 지원을 얻을 수 있도록 먼저 노력해야 할 것이다. 서로 돕는 과정에서 유대감이 형성되고 관계가 발전하기 때문이다.

협동, 협조, 협의, 협업, 협력의 개념 차이를 아는 것만으로도 팔로워십에 대해 충분히 이해할 수 있다. 첫째, '협동(teamwork)'은 직장 뿐 아니라 학교나 단체에서도 사용되며 서로 마음과 힘을 하나로 모으는 것을 말한다. 둘째, '협조(cooperation)'는 생각이나 이해가 반하는 쌍방이 평온하게 서로의 문제를 해결하는 것을 말한다. 셋째, '협의(conference)'는 전문가의 조언을 구해 회의를 하며 문제를 조정하는 과정을 말한다. 넷째, '협업(collarboation)'은 서로 다른 기능을 하는 사람들이 모여 공동의 목표 달성을 위해 노력하는 것을 말한다. 다섯째, '협력(partnership)'은 이미 정한 역할과 절차를 성실히 수행하는 것을 말한다.[5] **입장이나 과정, 상황에 따른 용어의 차이가 있으나 팔로워십을 다각도로 이해할 수 있다.**

5) 경영학 사용 설명서, 김용진, 클라우드나인, 2015

06

나는 어떤 리더가
될 것인가?

TFT는 무엇이고? 간사가 뭐에요?

경영기획 TF팀의 간사를 맡은 적이 있다. 실무자였지만, 실질적으로 TF의 팀장 역할을 해야 했다. TF팀의 업무 진행뿐 아니라 팀 관리를 해야 했고, TF 팀원에게 권유에 가까운 지시를 해야 했다. 나보다 직급이 높거나 연차가 많은 선배에게 자료를 받아 검토하고 내용을 회신했다. 때로는 마감 기한을 지키지 않은 선배를 찾아가 독촉하기도 했다. 또한 간담회 자리를 준비하는 후배가 마련한 간식을 보고 '다른 것이 더 낫지 않겠냐'며 은근한 압박을 주기도 했다.

팀장 역할에 대한 첫 경험을 말하면 속내가 불편한 자리였다. 권유형이든 청유형이든 선배나 후배에게 지시하는 행위가 어색했다. 사내 행사나 회의를 준비하면서 총무 역할을 하며 주변에 지원이나 도움을 구하는 경우가 종종 있었지만, 임시적으로나마 팀을 주도하는 것은 어려운 일이었다. 개인 모임에서 나들이나 여행을 갈 때, 일시적으로 모임 장을 맡은 것과는 다른 무게감을 느꼈고, 그 무게가 스트레스로 다가왔다.

당시 팀장 역할을 하기 위해 다짐한 기준은 크게 2가지였다. 첫째, 관리자의 입장이 아닌 같이 뛰는 팀장이 되자. 둘째, 지시가 아닌 청유 형태로 다가가자. 그래서 은근슬쩍 잔소리 같은 조언을 하기도 하고, 때로는 식사 자리에서 업무 진행을 물어보며 상황을 수시로 모니터했다.

우습지만, 지금 내게 팀장을 맡기면 전보다 잘할 자신이 있다. 오히려 덜 움직이고, 팀원의 의견을 확대·수렴하거나 전문가의 조언을 받아 방향성을 확립하는데 노력할 것이다. 리더는 전체 흐름을 잡고 인력을 모으는 기본 역할을 해야 한다. 그것이 리더의 임무이다. 또 그 팀의 모습을 보며 다른 동료가 참여하고 싶은 마음이 들면 더없이 좋을 것이다. 앞에서 〈인턴〉의 팔로워십을 들여다 보았다면, 이번에는 리더십에 대해 들여다보려고 한다.

리더로서 벤과 줄스

리더의 자질은 크게 두 가지로 나눌 수 있다. 바로 인간관계 능력과 업무 역량이다. 인간관계는 사람에 대한 공감과 소통으로 동료의 마음을 사고 신뢰를 얻으며, 동료의 관심을 업무에 집중시키는 것이다. 그리고 업무 역량은 업무에 대한 안목과 실행력으로, 업무를 기획하고 운영하며 성과를 창출하고, 공유해서 선순환하는 능력을 말한다.

책임이 큰 리더를 맡을수록 인간관계 능력의 중요성이 더 높아진다. 사람이 일을 하는 것이고 그 인연과 관계에서 사업이 운영되기 때문이다. 그러나 업무 역량 없이 인간관계만 넓은 사람은 빈 수레와 같으며, 그저 목소리만 크고 자신감만 넘치는 리더는 업무를 주도하거나 팀을 장악하지 못한다.

〈인턴〉에서 어느 날 아침, 줄스는 어머니에게 잘못된 이메일을 전송한다. 어머니를 책망하는 내용을 당신에게 보낸 것이다. 요즘 말로 '멘탈 붕괴'에 빠진 그녀는 수습을 위해 여러 직원에게 해결을 요청한다. 직원들이 고심 끝에 내놓은 방법은 '어머니 컴퓨터에 직접 전송된 메일을 삭제하는 것' 밖에 없었다. 문제는 '그것을 누가 실행할 것이냐?'였다.

이때 벤이 나선다. 평소 업무와 생활에 대해 많은 조언을 해준 남자 직원 3명을 데리고 팀을 꾸린다. 그리고는 현장으로 출동해, 어머니 집에서 좌충우돌하는 팀원에게 각자 역할에 맞는 지시를 내리며 임무를 성공적으로 수행한다. 벤이 삼촌처럼 팀원들의 업무와 개인사에 조언을 아끼지 않으며 쌓아온 인간관계와 오랜 직장생활 경험에서 비롯된 역량이 시너지 효과를 발휘하여 문제를 해결한 셈이다.

줄스 또한 마찬가지이다. 그녀는 회사 업무의 A부터 Z까지

다 꿰뚫고 있다. 불만 고객 전화 응대, 제품 포장 방법 지시, 홈페이지 리뉴얼 회의 진행 등 인적 업무부터 물적 업무까지 직원들을 지시하고 지원하며, 회사를 지휘해 나간다. 어느 한 분야를 작게 보거나 소홀히 하지 않음으로써 구성원 각자의 위치를 존중하고 대표성을 각인시킨다. 그리고 직접 움직이고 더 많이 일함(늦게까지 야근)으로써 솔선수범한다. 그녀는 회사의 창업자이자 경영자로 최전방에 서 있는 것이다.

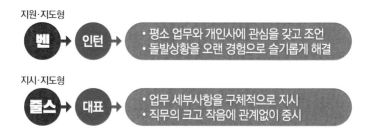

지원·지도형
벤 → 인턴
• 평소 업무와 개인사에 관심을 갖고 조언
• 돌발상황을 오랜 경험으로 슬기롭게 해결

지시·지도형
줄스 → 대표
• 업무 세부사항을 구체적으로 지시
• 직무의 크고 작음에 관계없이 중시

도움TIP ❻ 나는 리더십을 어떻게 발휘할까?

직장에서 켄 블랜차드가 주장한 '상황 대응별 리더십 이론'을 접할 수 있다. 리더십은 지도자의 고유 기질이나 행동이 아닌, '과업(업무 역량)과 관계(수행·의지) 그리고 소속 직원의 발단단계(Development)에 따라 리더십 유형이 변화한다'는 이론이다.[6]

첫 번째, **D1은 보통 '사원'에게 해당되는 경우이며 수행 의지는 있으나 업무 역량이 현저히 낮은 상태로, 이때 리더는 지시형(Directing)으로 행동한다.** 리더는 팀원의 역할을 정의하고 목표, 기준, 절차를 수립하는데 구체적으로 지시하고 성과를 면밀히 관찰한다. 그리고 대부분 의사결정은 리더가 한다.

두 번째, **D2는 보통 '대리'에게 해당되는 경우이며 업무 역량이 다소 쌓였으나 업무나 관계에서 발생한 스트레스로 수행 의지가 많이 떨어진 상태로, 리더는 지도형(Coaching)으로 행동한다.** 리더는 의사결정 사항을 설명하며 팀원의 의견을 구하고, 옳은 행동에 대해 칭찬을 한다. 그리고 업무 성과에 계속적인 관심을 갖고 지시를 한다.

---

6) 송영선, 현대 경영 패러다임에 적합한 켄 블랜차드의 상황대응 리더십 II 모델의 한국기업 적용 효과성 연구, 한국HRD연구 창간호

세 번째, **D3는 보통 '과장'에게 해당되는 경우이며 업무 역량은 높지만 의지는 상당히 낮은 상태로, 리더는 지원형(Supporting)으로 행동한다.** 낮은 지시 행동과 높은 지원 행동으로 팀원이 업무에 있어 일정 부분 재량(의사결정 여지)을 갖게 하고, 그의 말을 경청하고 행동을 격려한다. 그리고 그 과정에서 발생되는 고민이나 고충을 해소하기 위해 관심을 기울인다.

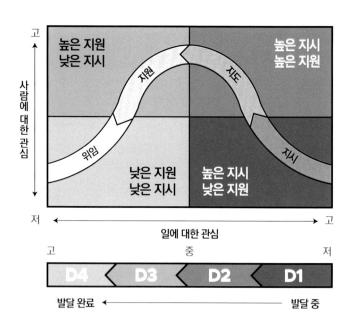

네 번째, **D4는 보통 '차장'에게 해당되는 경우이며 업무 역량과 수행 의지 모두 높은 상태로, 리더는 위임형(Delegating)으로 행동한다.** 사안에 따라 부서나 팀의 의사결정 권한을 넘겨서 운영되게 하며 적합한 자원을 제공한다. 이때 리더는 확인자로서 팀을 바라보는 것이다.

그런데 사업이나 업무에서만 리더십을 발휘하는 것은 아니다. 직위가 낮을수록 그럴 기회를 얻는 것 또한 흔하지 않은 것도 현실이기 때문이다. 팀장이 팀원을 믿지 못해서 일을 전적으로 맡기지 않는 경우도 있지 않은가? 이런 상황에서 리더십을 발휘할 수 있는 작은 분야는 간식 시간에 내기를 주도해보거나 동아리·동호회의 장이 되는 것이다.

"이벤트 회사를 차렸냐?"는 말을 들을 정도로 '내기(단순 game)'를 잘 주도했던 동료가 생각난다. 보통 오후 4시가 되면 허기지기 마련인데, 그녀는 "우리 간식 먹을까요?" "간식 내기 할까요?"라는 말로 팀원들을 주목시키고, 내기 방법을 '사다리 게임'으로 할지 아니면 '돌림판 게임'을 할지 의견을 물어보면서 그 시간을 진행했다. 그러면서 작은 역량을 보여줄 수 있는 것이다.

조금 더 업무 영역으로 들어가고 싶다면, 동아리나 동호회를 만드는 것도 방법이다. 동아리나 동호회가 형식적인 친목 모임인 경우도 있었지만, 이직했던 직장마다 눈에 띄는 동아리가 하나씩은 꼭 있었다. 바쁜 일정과 많은 일과 속에서도 사람들이 점심시간에 짬을 내어 모여서 영어 공부를 하거나 무언가를 만들면서 교류하는 '좋은 모습'을 봤다.

또 그런 모임을 잘 꾸리는 동료들이 있다. 한 직장에서는 동아리나 학습 모임을 꾸려서 사람들과 소통을 잘하는 배울 점이 많은 후배

도 있었다. 동아리 활동은 회의 자리가 아니기에 업무뿐 아니라 생활에 대해 소통할 수 있고, 동아리를 어떻게 운영할지 이야기하면서 의사결정의 방법을 익힐 수도 있다. 취미 활동 이상으로 충분히 값어치가 있는 자리가 될 수 있다.

사내에 영화 동아리를 만들었다가 1년 조금 지나서 접은 경험이 있다. 그 요인 중 하나가 업무와 충돌이었다. 당장 업무에 신경 쓰기도 바쁜데 운영할 여력이 없었다. 휴직 직원으로 인해 1인 3역을 하고 있었기 때문이다. 동아리 회원들의 소극적 행동도 아쉬웠지만, 돌아보니 '어떻게든 이어나갔으면 좋았겠다'는 후회를 했다. 동료들과 영화를 보러 가는 것이 '동아리 활동'이라는 이름이 아니더라도 서로의 감정이나 취향을 공유할 수 있는 자리였고 또 식사를 하면서 개인사에 대해 두런두런 이야기할 수 있는 공간이었다.

아니면 환경 정리를 위해 먼저 움직이는 것도 방법이다. 〈인턴〉의 벤처럼 아무도 치우지 않는 책상을 솔선수범해서 치운다든지, 쓰레기 분리수거에 앞장선다든지, 탕비실의 냉장고를 청소하자고 운을 띄워 보는 것도 모두 리더십의 영역이다. **리더는 직장과 인생에서 주체적으로 생활하는 것을 말하기 때문이다.**

07

지속적인 직장 생활을 위한 휴식 취하기

번아웃 증후군

　탈진(burn out)은 내게 해당하지 않는 말이라는 생각했다. 두 곳의 공공기관에서 계약직으로 일을 하고 세 번째 회사에 정규직으로 입사를 했다. 어렵게 입사한 만큼 업무도 관계도 잘 해내고 싶었다. 그러나 계속해서 증가되는 업무량과 처음 접해보는 업무의 연속에 야근과 주말 근무는 늘어만 갔다. 그렇게 1년, 2년이 지나고 3년째 휴직자 대리업무까지 맡으니 체력이 현저히 떨어졌다. '다시 신입사원으로 시작한다'는 마음을 먹고 직장생활을 시작했지만, 현실은 녹록치 않았다. 그렇게 탈진이 왔고 일 자체에 집중할 수 없었다.

　인사 업무에서 기본이자 핵심인 채용 업무를 진행하고 싶지 않았다. 이전에는 다른 부서에서 '누군가 퇴사한다'고 하면 '이분이 왜 퇴사를 하는지', '퇴사 이후에 계획은 있는지' 궁금했으며 신속하게 채용 계획을 세워서 충원을 진행했다. 하지만 번아웃이 온 이후에 다른 부서장에게 채용 요청을 받으면 겉으로는 웃으며 "네."하고 대답했지만 의욕이 없고, 채용 업무를 준비할수록 오히려 '부서관리를 어떻게 하기에 퇴사자가 빈번한 것이지?'란 물음만 떠오르고 화만 치솟았다.

　채용 업무뿐 아니라, 여러 업무를 하며 야근한 뒤에도 일에 대한 고민이 여전했고, 해소하지 못한 대인 갈등의 잔여 감정에

속을 앓기도 했다. 중요한 회의나 행사 걱정에 잠을 못 이루는 날이 많았다. 당시에 주위 선배나 지인이 '너무 피곤해 보인다'며 '일을 잘 거절하고 할 수 있는 만큼만 하라'고 조언을 해주었지만, 중고 신입직원으로 그렇게 할 수 없는 입장이었고, 성과로 보여 주어야 한다는 의지가 강했다. 그러던 중 결국 탈진이 왔고, 이도 저도 할 수 없었다. 더 악화되기 전에 면담을 요청하고 일을 조금 덜어냈으나, 한번 무너진 상태를 회복하는 것은 여간 어렵지 않았다.

베키는 1년 내내 방송국에 매어 있다

〈굿모닝 에브리원〉은 지역 방송사 PD였던 베키가 해고된 뒤, 어렵게 메이저 방송국에 취직해 동시간대 시청률 꼴찌인 아침 뉴스쇼 '데이 브레이크'를 다시 살려내는 이야기이다. 주인공 베키는 지역 방송국에서 가장 빨리 출근하고 가장 늦게 퇴근하며 프로그램을 꾸려왔지만, 하루 아침에 해고를 당한다. 이직 후에도 역시나 같은 일상으로 1년 365일 방송 프로그램에 매달린다. 그 결과, 기적처럼 시청률을 끌어올리며 프로그램을 살려내고 메이저 방송사의 스카우트 제의까지 받게 된다.

사람마다 직장 생활의 목표는 다양하다. 생계 유지, 자아 실현, 명예나 지위 획득 등 여러 가지 이유지만 공통된 것은 '건강해야 일을 할 수 있고, 열심히 노동한 뒤에는 반드시 휴식해야 한다'는 것이다. 영화에서 베키는 결국 성공하지만, 그 성공은 자신을 갈아 넣은 결과이다. 우리는 낮에 일을 했으면 밤에는 꼭 쉬어야 한다. 그래야 다시 일할 기운을 얻는다. 하지만 우리나라는 야근 문화가 강해서 '공짜 야근', '수당 못받는 야근'이 너무 일상적이었다. 그나마 법정 1주 52시간 근로제가 정착되고 나서야 그런 문화가 순화되었다.

일전에 부서장 사이의 대화에 참여한 적이 있는데 연구소 소장님이 이런 말을 하셨다. "참 묘하게 업무에 대한 아이디어는 퇴근했을 때나 잘 쉬고 일어난 아침에 떠오른다." 지금처럼 참신한 기획과 진득한 협업을 필요로 하는 시대에 '잘 쉬는 것이 얼마나 중요한 것인지' 그 말을 통해 알 수 있었다.

베키는 본인을 헌신하며 프로그램을 살렸지만, 남자친구와 연애를 이어가지 못하고, 동료들과의 일상적인 술자리에 참석하지도 못한다. 물론 잠도 충분히 취하지 못한다. 과연 이런 생활이 언제까지 이어질 수 있을까? 영화 〈인턴〉에서도 온라인 쇼핑몰 사장인 줄스는 회사 사업 때문에 남편과 다툼이 생기고 육아에도 소홀해진다. 이런 압박감과 피로감은 분명 사업, 업무, 개인 생활에 악영향을 미친다.

휴식은 일하기 위한 필수 조건이며, 시간 관리의 결과물이다

휴식을 하기 위해서는 잔업을 남기지 않아야 하고, 최대한 평일 야근이나 휴일 근무를 하지 않아야 한다. 그렇기 위해서는 시간 관리를 최우선으로 해야 한다. 누구에게나 똑같이 주어진 '하루'라는 시간 동안, 담당 업무를 시간 내에 진행하고 퇴근 시각에 가정으로 복귀해야 한다.

경험적으로 얻은 최선의 시간 관리 방법은 일과를 시작하기 전에 매일 업무 일정을 짜고, 퇴근 전에 당일 진행한 업무를 자기 보고 형태로 기록하는 것이다. 출근해서 바로 업무를 시작하는 것이 아니라, 그날 해야할 업무 목록을 만들고 시간대를 배치한다. 오전에는 동료나 타 부서의 협조를 받을 사항부터 업무 연락을 취하고 남은 시간에 집중적으로 계획안이나 보고서를 작성한다.

오후에는 각종 회의에 참가하며 업무를 진행하고 과제를 수행한다. 마지막으로 그날 진행한 업무를 '자기 보고' 형태로 기록하는 것이다. 회사에서 일일 업무보고를 한다면 그 양식을 사용해도 좋지만, 아니라면 엑셀 파일 등에 당일의 실적을 기록해 놓는다. 그리고 짬짬이 시간이 날 때, 그 기록지를 보고 스스로 질문한다. '무엇이 잘 됐고, 무엇이 잘못 됐는지' '왜 일정에 차질이 생겼지?' '그 회의는 꼭 참여해야 했을까?' 이렇게 하면 자신의 업무 기준을 세울 수 있고 자연스럽게 시간 관리까지 효율적으로 가져갈 수 있다.

스티븐 코비에 의해 잘 알려진 '아이젠하워'의 시간관리 매트릭스를 예로 들면, 흰 종이에 십자가를 그리고 가로선은 시급성을, 세로선은 중요성을 기준으로 삼는다. 그리고 사분면을 만들어서 ① 중요하면서 시급한 것, ② 중요하지만 시급하지 않은 것, ③ 중요하지 않지만 시급한 것, ④ 중요하지도 시급하지도 않은 항목을 기준으로 사분면을 나눈다. 그리고 ①은 즉시 실행(Do) → ②는 계획을 세워서 실행(Decide) → ③은 위임이나 업무 인계를 통해 처리(Delegate) → ④는 과감하게 삭제(Delete)해가는 것이 필요하다. 그런데 관건은 바쁘게 하루를 보내다 보면 제대로 실천하기 쉽지 않다는 점이다.

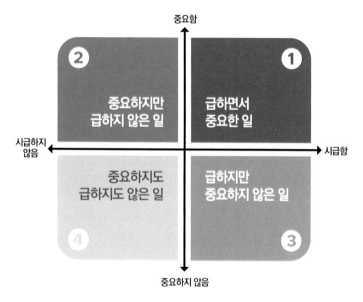

우선순위 판단에 오류가 있거나 판단 자체를 잘못하는 경우도 발생한다. 그럴 때는 업무의 목적과 목표를 기준으로 재점검하거나, 상사나 동료의 조언을 얻어 유연하게 수정을 해야 한다. 시급한 일이 많으면 '그것을 먼저 처리해야 한다'는 압박감에 눌리거나 강박관념이 생길 수 있다. 시급한 일은 대체로 내 업무가 아닌 타인이 필요로 하는 질문이나 확인 요청, 또는 협조 사항인 경우가 많기 때문이다. 그런 일 또한 원만한 관계를 위해서 적절하게 처리하되, 기본적으로 필요한 것들인지 수시로 점검하고 진행 방식에 대해 협의해서 개선해 나가야 한다.

가능하면 ①의 사안은 ②로 전환하여 평소에 시간적 여유와 체력을 충분히 준비해서 스트레스를 줄여야 한다. 그리고 ③과 ④의 사안은 효율성을 위해 업무를 조정하거나 적합한 담당자를 찾아 인계하는 것이 필요하다.

도움TIP ❼ 휴식을 취하기 위한 일련의 방법

업무만큼이나 중요한 '휴식'을 취하기 위한 일련의 방법이다.

첫째, 점심 시간을 알차게 보내는 것이다. 누구와 무엇을 먹을지, 식사하면서 무슨 대화를 나눌지 구상을 하는 것이 좋다. 점심시간은 잠시 업무에서 벗어나 동료와 충분히 대화를 나눌 수 있는 시간이다. 동료와 업무나 인생에 대한 고민·고충을 나눌 수 있는 여유 시간이다. 평일의 중간인 수요일이나 마지막 날인 금요일 등에 약속을 잡아보자. 아니면 가까워지고 싶은 동료가 도시락을 싸온다면 같이 도시락을 싸와서 어울리는 것도 좋다.

둘째, 일과 중간 중간 휴식 시간을 갖는다. 흡연자들이 일하는 사이에 일정 간격으로 담배를 피며 사담을 나누는 것처럼 비흡연자라면 동료 한 두명과 함께 옥상이나 공터를 거닐며 바람을 쐬거나 대화 나눌 시간을 가지면 좋다.

셋째, 퇴근 후에는 업무를 잊는 연습을 한다. 업무에 대한 고민이나 잔상이 남아 있다면 노트나 휴대전화 메모장에 적고 잊어버린다. 그래도 풀리지 않는 것은 최대한 짧게 고민하고 덮어버린다. 실행이 수반되지 않는 고민은 시간 낭비일 뿐이다. 그리고 운동을 하거나 집안일을 하면서 내 생활에 집중한다.

넷째, **업무 관련 교육이나 행사에 다녀온다.** 새로운 사람을 만나는 것으로 활기를 얻을 수 있고, 인적 교류를 함으로써 안목을 넓혀 업무 안정감을 찾을 수도 있다. 꼭 쉬는 것만이 휴식은 아니다.

다섯째, **일주일에 하루는 나를 위한 시간을 갖는다.** "시간을 내 마음대로 쓰는 것이 휴식이다."는 말이 있다. 어떤 약속이나 일이 아니라 온전히 나를 위한 시간을 확보하고 충분히 늘어져서 딴짓을 해보자.

한 부서에서 1년만 일해도 업무 분장에 관한 눈이 뜨인다. 신입 때는 신입사원이기에 지시한대로 업무를 수행하지만, 이후에는 회의 석상이나 부서장 면담에서 업무 개선에 대해 언급을 할 수 있을 정도의 안목을 갖춰야 한다. 자질이나 역량이 부족해서 야근하는 것일 수 있지만, 한 부서에서 3년 이상 근속했다면 그것은 개인 역량의 문제가 아닐 가능성이 높다. '보이지 않는 압력에 의해 감수하는 야근'이나 나중에 더 연차가 쌓였을 때 '지금 선배들처럼 대우 받을 것'이라는 기대감에 의한 야근이 존재하는 것도 사실이다. 그러나 시급한 업무에 집착해 쳇바퀴 구르듯이 겉돌지 말고, **효율적인 시간관리와 적절한 휴식으로 업무 흐름을 좇아 전체를 볼 수 있는 안목을 키워야 한다.**

08

〈굿모닝 에브리원〉 베키 with 〈리틀 포레스트〉 혜원

휴가를 자주 떠나는
사람이 일을 잘하는 사람

휴가를 가면 일은 누가 하지?

첫 회사에서 수습 기간이 지나고 나서 1일 휴가를 쓰고 싶어 선배에게 말을 하고 부장님께 결재를 요청했다. 그런데 그 과정에서 참 많은 눈치를 봤다. '내가 없으면 선배가 일을 해야 하나?'라는 고민과 '허락이 안 되면 어떻게 하지?'라는 긴장된 물음이 떠올랐다. 우습게도 당시에 휴가원 기안을 올렸을 때, 당일 날짜로 기재를 해서 부장님께서 "이미 넌 다녀왔다."며 농담 섞인 말을 한 기억이 난다. 그렇게 여러 과정을 거쳐 첫 휴가를 다녀올 수 있었다.

신입사원은 기본 업무 외로 각종 업무 지원과 부서 막내 역할을 해야 하고, 조직문화 적응을 위해 굉장히 바쁜 하루를 보낸다. 그렇게 열중하다 보면 어느새 몇 달이 지나 1년이 되어간다. 그래서 입사 1년차 직원이 휴가를 사용하는 것은 쉽지 않은 일이다. 게다가 사원이 휴가를 가면 선배나 동료가 대체 근무를 해야 한다. 그렇기 때문에 업무 인계나 휴가 결재에 눈치를 보는 것이 당연할 수밖에 없다.

회사에 입사해 새로운 사람과 관계를 맺으며 일을 배우고, 조직에 적응하는 과정은 힘들 수 있지만, 업무가 잘 풀릴 때는 그만큼 일이 재밌다. 그러나 계획한 대로 일이 진행될 때보다 되지 않을 때가 더 많다. 그에 따른 부담감과 책임감에 점차 짓눌

리면 퇴근을 하지 못하는 경우가 발생한다. 당장 일을 진행하지 못하는 순간에도 저녁 늦게까지 자리를 지키게 된다. 이런 순간이 한 달, 한 분기로 지속되면 휴가를 갈 생각은 엄두도 나지 않는다.

어떤 직장은 오히려 이 점을 염두해 신입사원을 정신없이 돌리는 곳도 있다. 기강을 잡기 위해서다. 이런 조직에서 신입사원은 금방 지친다. '남을 사람은 알아서 버텨서 남고, 퇴사할 사람은 퇴사하라.'는 분위기인 것이다.

그래서 정부에서 2019년부터 정책적으로 입사 1년차 직원의 연차를 보장했다. 신입사원의 휴식권 보장을 위해서이다. 그 이전에는 입사 첫 해 사용한 연차휴가를 다음 해에 공제했지만, 그렇게 하지 않도록 법률로 정한 것이다.

내가 없으면 돌아가지 않아?

〈굿모닝 에브리원〉에서 프로듀서 베키는 1년 내내 프로그램에 잡혀 있다. '자기 없이는 프로그램이 돌아가지 않을 것'이라 생각한다. 〈인턴〉에서 쇼핑몰 대표인 줄스도 마찬가지이다. 직원들보다 늦게 퇴근하고, 육아에는 신경 쓸 겨를이 없다. 여행은 꿈꾸지 못하고, 업무 출장을 겸해서 겨우 다녀오는 정도이다.

그런데 그 둘이 없으면 방송 프로그램과 온라인 쇼핑몰이 운영되지 않을까? 그렇지 않다. 베키가 없어도 그를 지원하는 조연출과 경험 많은 앵커들이 협력해서 이끌어 갈 수 있다. 베키가 영입되기 전에도 사실상 그렇게 운영이 되어 왔다. 마찬가지로 줄스는 자신을 대신할 전문 경영인을 고용하고, 자신은 배당을 받으며 가족들과 즐겁고 부유한 삶을 살아갈 수 있다. 그런데도 왜 두 사람은 일을 놓지 못할까? 결국은 업무와 사업에 대한 열정 그리고 의욕 때문이다.

이와 대조적인 모습을 보여주는 작품이 한국영화 〈리틀 포레스트〉이다. 임용시험에 낙방한 주인공은 고향집에 돌아와 배고픔과 마음의 허기를 달랜다. 인스턴트 식품으로 끼니를 이어가는 도시 생활에서 염증을 느끼고 집에 돌아와 농작물을 길러 음식을 직접 요리해서 먹고, 친구들과 놀며 엄마와의 추억을 떠올리고 위로를 받는다. 그렇게 겨울부터 다음 해 겨울까지 1년의 시간을 보내고 다시 서울로 간다. 그리고 몇 달 후, '아주 정착'을 위해 내려온다.

여기서 중요한 것은 혜원이 '도시에서 일하느냐, 농촌에서 일하느냐'가 아니다. 그녀 인생에 중요한 가치가 무엇인지 제대로 고민하지 않은 것이 관건이다. 그녀의 대사 "가장 중요한 고민을 두고 그때 그때 열심히 사는 척 살아왔다."에서 엿볼 수 있다.

휴가를 떠나지 않으면 자기 자신을 돌아볼 수 없다. 휴가는 탈진을 방지하기 위한 도구가 아니다. 자기 인생과 회사 생활을 잘 조율하기 위해, 생계 유지와 자아 실현 과정을 유지하기 위한 필수 조건이다. 그래서 연차 휴가는 소모하는 것이 아니라 '활용하는 것'이다.

도움TIP ❽ 휴가를 잘 떠나기 위한 방법

직장에서 일을 잘하는 사람은 원할 때 휴가를 다녀오는 사람이다. 그 이유는 크게 두가지인데, 당사자가 휴가를 가도 대신 업무를 맡아줄 '대직자와 관계를 잘 맺었다'는 반증이다. 또 하나는 '연간 업무 흐름을 보는 안목이 있고 상황에 맞게 업무를 조율할 능력이 있다'는 반증이다. 그리고 휴가를 떠났다 돌아오면 오히려 보이지 않았던 업무가 보이며 주변 동료들에게 더 감사하고, 자신의 역량을 객관적으로 볼 수 있는 기회가 마련된다. 그렇게 하기 위해서는

첫째, **선배나 동료에게 업무 휴지기를 물어보고, 휴가 일정을 구상한다.** 조직 문화에 따라 7~8월 한여름에 전사적으로 휴가를 시행하는 회사도 있지만, 요즘은 개인에 따라 짧게 혹은 길게 휴가를 보낸다. 대강의 휴가 일정을 가늠하고 대체 근무자(대직자)와 소통을 한다.

둘째, **약식으로 업무 인수인계서를 작성한다.** 미리 작성해두면 마음도 편하고 여유가 생긴다. 그리고 이 인계서는 이후에 업무 매뉴얼의 기초가 될 수 있다. 지시를 받아서 작성하는 매뉴얼과 휴가를 위해 자발적으로 작성하는 매뉴얼은 그 내용과 깊이가 다르다.

셋째, **휴가가는 것을 알린다.** 부서장에게 휴가 결재를 받고 나서 부서 회의 시간이나 간식 시간에 공유한다. 그리고 며칠 전에는 타부서 동료에게 알려 긴급한 사안을 미리 처리해둔다. 그래야 부재 중 업무에서 발생할 수 있는 위기를 줄이고 대직자도 덜 수고롭게 일을 할 수 있다.

넷째, **휴가 이후에 명확하게 인계를 받는다.** 대직자에게 고마움을 표시하되 분명한 인계를 받는다. 짧은 휴가는 구두로 괜찮지만, 3일 이상의 휴가는 서로 업무 메일을 통해 부재 상황동안 있었던 일에 대해 주고 받는 것이 좋다.

〈굿모닝 에브리원〉 베키와 동료 프로듀서 애덤

동료와 면담할 수 있어야 진짜 업무 역량이 있는 것

직원 고충 상담원

"사람이 일을 하며 살아가는 것이지, 일이 사람을 살리는 것은 아니다." 그렇기에 직원 한 사람이, 한 명의 구성원으로 바로 서서 역할을 해내는 것이 업무의 본질이라고 생각한다. 같은 맥락에서 인사 담당자에게는 직원의 고민이나 고충, 조직 내 구성원 여론이 무엇인지 사전에 파악하고 문제를 예방하는 것이 주요 업무이다. 그렇기 위해서는 선·후배 동료들과 자주 대면하며 대화를 나누고 속마음을 헤아리는 것이 중요하다.

그런데 인사 담당자만이 이 업무를 하는 것이 아니다. 흔히 부서에 '허리'라고 불리는 초급 중간관리자(선배사원, 대리) 또는 중급 중간관리자(과장, 차장)가 그 역할을 해야 한다. 공공기관에서 '서무'라는 부서 내 직책이 있다. 서무는 부서의 일반 운영을 맡는 역할인데, 부서로 오는 문서의 수발신을 담당하며 부서 경비를 관리한다. 그런데 서무가 사무적으로 일을 수행하는 부서와 기본 역할에 더해 인간적인 모습을 보여주는 서무가 있는 부서는 분위기가 많이 다르다. 후자가 부서원끼리 소통이 더 잘 되고 활기가 돈다.

직원 고충 상담원 업무를 맡았을 때, 선·후배 간의 업무 방식과 언행에 대한 갈등, 기획팀과 연구팀 사이에 사업 콘텐츠 주도권에 대한 충돌, 기획팀과 기술팀 사이에 예산 사용에 대한 반목, 내부 직원과 외부 협력자 간 태도에 대한 다툼 등 여러 갈등을 접했다. 때로는 토로하는 것에 만족하는 직원이 있었으며 관리자에게 '보고'만 되기를 바라는 직원도 있고, 정식으로 접수해서 고충처리위원회에 해결을 구하는 직원도 있었다.

업무 진행을 하면서 '개인은 다양하다'는 말로는 부족할 정도로 나이, 성별, 직위, 직무에 따라 견해 차이를 좁히기가 어렵다는 것을 깨달았다. 그만큼 피로도도 상당했지만, 분명히 느낀 점은 '갈등과 고충은 존재한다'는 것이며 '그것을 해결 또는 해소하지 않고는 사업과 업무가 원활히 진행되지 않는다'는 것이었다.

나의 이야기를 들어줘

앞서 봤던 3편의 영화 〈악마는 프라다를 입는다〉 〈인턴〉 〈굿모닝 에브리원〉에는 주인공의 고민과 고충을 들어주는 인물들이 있다. 패션잡지 런어웨이의 중역 '나이젤', 쇼핑몰 시니어 인턴 '벤', 방송국 프로듀서이자 남자친구 '애덤'. 그들은 그녀들의 업무 고민과 인생 고충에 대해 조언을 해주거나 그녀들이 정한 방향에 힘을 실어주며 지원 역할을 톡톡히 해낸다.

〈굿모닝 에브리원〉에서 구직자인 베키, 전설의 앵커 마이크, 시사 보도 프로듀서 애덤은 우연히 같은 엘리베이터를 타게 된다. 얼마 후, 신입 프로듀서가 된 베키는 그 만남을 계기로 애덤에게 '마이크 섭외를 위한' 여러 조언을 구한다. 그녀는 우여곡절 끝에 마이크 섭외에 성공하고, 마이크의 '데이 브레이크' 첫 방송 전날, 애덤의 스튜디오에 들린다. 그때, 애덤은 베키에게 묻는다.

애덤 : "혹시 마이크가 '브뤽라디(술 이름) 40년산'을 마시지는 않았죠?"

베키 : "대기실에서 마시던데요"

애덤 : "마이크는 흥미가 없는 보도를 앞두고 있을 때, 전날 술을 진탕 마시고 다음날 병가를 내곤 했어요"

베키 : "그가 어디 있을까요?"

애덤 : "일레인(바 이름)부터 가봐요"

그렇게 베키는 한 술집에서 마이크를 찾아내고 기어이 그의 집에서 날을 새며, 스튜디오에 함께 출근한다. 애덤은 선배 프로듀서로 대형 사고를 막아주는 핵심적인 조언을 한 것이다.

이후에 연인 사이가 된 그는 그녀가 일 중독이 되지 않도록 도와준다. 시도 때도 없이 걸려드는 휴대전화를 냉장고에 넣어버리거나, 자신의 프로그램과 비교하며 짜증을 내는 그녀를 다독여준다.

베키 : "당신은 시사 보도 프로그램하잖아요. 2개월에 15분짜리 1편 제작해요. 우린 하루에 15개 주제를 3분씩 다룬다고요."
애덤 : "그래도 쉬어야죠."
베키 : (도중에 일어나 TV를 보며 기사를 정리하는 중)
애덤 : "한밤중에 뭐하는 거에요?"
베키 : "미안해요. 산불이 났네요. 범인이 3주 전 방화 용의자와 같은 것 같아요."
애덤 : "음... 일하러 가요. 하고 싶은 걸 해야죠!"

그런데 일 중독인 그녀를 멈추게 한 건 바로 마이크와의 대화였다.

마이크 : "나한테 손자가 있어. 뉴스에서 잘리고 나서 안 봤지. 창피했어. 지금까지 이룬 것을 모두 잃고, 이런 프로그램이나 진행한다

는 게. 그런데 사실 난 아버지로서 실패했지. 뉴스 잘리기 훨씬 이전에. 집에는 계속 들어가지 않고, 집에 있어도 계속 통화만 하면서 TV에서 눈을 떼지 못했지." "이 애길 왜하냐면 자넨 나보다 더해. 할 수만 있다면 방송국에서 살겠지. 결국 어떻게 되는지 알아?"

베키 : (마이크 응시)

마이크 : "결국 아무것도 안 남아. 내가 그랬지."

베키 : "잠깐만요, 지금 제게 따뜻한 말을 하시는 거에요?"

마이크 : "나도 이런 말을 할 수 있어."

도움TIP ❾ 동료의 이야기를 들을 수 있어야 업무 역량이 있는 것

[갈등 해결의 시작은 '대화'이다]

비영리단체 '공공의 창'(한국 사회 투명성과 공공성을 확대하는데 도움이 되고자 '여론조사와 데이터 분석'을 목적사업으로 설립된 단체)에서 2018년 국민 1,000명을 대상으로 갈등에 대해 여론조사를 시행했다. 그 중 '직장 내 갈등' 조사 결과는 다음과 같았다.

'직장생활에서 주로 누구와 갈등을 자주 겪는지'를 물었다. 응답자는 상사(22%), 동료(14%), 부하(6%), 타 부서(6%), 거래처(5%) 등의 순으로 응답되었다. '갈등이 없다'는 의견도 27%나 되었다. 그리고 갈등 대상은 하급자에서 상급자로 올라갈수록 많았다.

특이한 점은 연령과 갈등이 반비례한다는 점이었다. 연령이 높을수록 갈등이 줄었들었다. 물론 높은 직급의 관리·감독 업무 특성상 별다른 갈등이 없을 수 있지만, 상사와의 갈등이 가장 높게 응답이 된 결과값을 기준으로 하면 '같은 상황에서 부하 직원은 이를 갈등으로 인식하는 것'과 달리, '상사는 갈등으로 생각하지 않았다'고 볼 수 있다.

그리고 갈등을 대처하는 유형에 대해 '나(하급자)'와 '상대방(상급자)'으로 나눠 물었다. 그 결과는 다음과 같다.

'내(하급자)'가 취하는 갈등 대처 유형 (순위)	
① 양보 (관계 중시형)	
조금 손해를 보더라도 양보하고 좋게 지내려고 하는 편이다.	29%
② 타협 (협조 절충형)	
적당한 선에서 원만하게 타협하는 편이다.	26%
③ 대화 (협동 해결형)	
대화를 통해 서로 이해하고 문제를 해결하려는 편이다.	24%
④ 회피 (현실 도피형)	
골치 아픈 일이므로 가급적 피하거나 미루는 편이다.	11%
⑤ 강압 (목표 추구형)	
어떻게 해서든지 내 주장대로 하려는 편이다.	4%

'상대방(상급자)'이 취하는 갈등 대처 유형 (순위)	
① 타협 (협조 절충형)	
적당한 선에서 원만하게 타협하려 한다.	30%
② 강압 (목표 추구형)	
자기주장이 강해서 자신의 뜻대로 한다.	27%
③ 대화 (협동 해결형)	
서로 대화와 공감이 잘돼 문제를 해결한다.	17%
④ 회피 (현실 도피형)	
내가 문제 제기하면 다음에 하자고 대화를 피한다.	12%
⑤ 양보 (관계 중시형)	
상대방이 주로 양보해서 좋은 관계가 유지된다.	6%

자주 갈등을 겪는 상대방에게 '하고 싶은 말' (순위)	
① **타협** (협조 절충형)	
제발 적당히 좀 하자.	28%
② **대화** (협동 해결형)	
우리 제발 대화 좀 하자.	17%
③ **양보** (관계 중시형)	
내 얘기도 좀 들어줘.	16%
④ **회피** (현실 도피형)	
너무 힘들어 나도 지쳤어.	11%
⑤ **강압** (목표 추구형)	
내가 뭐랬어 그냥 내 말대로 해.	4%

결론적으로 갈등을 해결하는 중요 방식으로 '타협과 대화'가 언급 되었다. '타협'에 있어 양보와 강압이라는 온도차가 있지만, 갈등을 실 질적으로 해결할 수 있는 방법은 대화인 것이다. 그 점이 '우리 대화하 자' '내 이야기(고민, 고충)를 들어줘'로 표현이 된 것이다.

우리에게는 대화를 통한 이해와 절충, 실행이 필요하다. 그 과정에 서 업무에서 겪는 어려움이나 부서 운영 상의 불만과 불평이 자연스럽 게 공유된다. 타인의 속내를 듣는 것만으로도 또는 내 감정을 누군가에 게 말하는 것만으로도 선·후배 관계를 떠나서 동료로서 유대감이 생기 며 업무를 유연하게 만들 수 있는 기회가 된다.

서로가 작은 구심점이 될 수 있을 때 업무 역량이 크게 발휘된다. **고민이나 고충 상담이란 무거운 이름이 아니라도, 일상의 대화나 면담이 관계와 업무를 조화롭게 만들고 성과를 만드는데 기여한다.**

Chapter ❷
직장인 고민, 영화 해우소

제1부에서 직장 사례로 이야기한 영화는 주로 〈악마는 프라다를 입는다〉, 〈인턴〉 〈굿모닝 에브리원〉 세 작품이다. 이 작품들만 봐도 직장과 인생에서 발생하는 성취와 좌절, 기쁨과 슬픔을 이해하고 공감할 수 있다.

여기에 직장생활을 직접적으로 그려낸 영화 10편의 감상문을 싣는다. 각 상황에 처했을 때, 동료들이 쉽게 말할 수 없는 조언이나 격려를 영화로 느껴보기를 바란다. 반대로 동료가 그런 상황에 처했을 때 "힘내.", "잘 될 거야."라는 막연한 말보다 "이 영화 한 편 보는 것이 어때?"라고 말을 건네면 더 좋을 것이다.

작품지도 MAP

구분	주제	
1	**입사 관문과 경력 단절을 넘어서**	
	〈10분〉	〈내일을 위한 시간〉
2	**업무에 열정이 필요한 순간**	
	〈열정 같은 소리하고 있네〉	〈행복을 찾아서〉
3	**동료와 애정이 필요한 순간**	
	〈웰컴 미스터 맥도날드〉	〈월터의 상상은 현실이 된다〉
4	**회복과 성장이 필요한 순간**	
	〈내가 죽기 전에 가장 듣고 싶은 말〉	〈스트레스를 부르는 그 이름 직장 상사1.2〉
5	**퇴사는 또 다른 시작**	
	〈잠깐만 회사 좀 관두고 올게〉	〈라스트 홀리데이〉

입사 관문과
경력 단절을 넘어서

10분 X 내일을 위한 시간

❶**10분 (10 Minutes)** 2013, 한국 #사회생활 #비정규직 #청년인턴 #콘텐츠센터 #민방위훈련 #독립영화   ❷**내일을 위한 시간 (Two Days One Night)** 2014, 벨기에   #마리옹꼬띠아르 #비정규직 #계약직 #재계약 #복직 #투표 #결정

"무슨 일을 어떻게 하며 살아갈까?"

〈10분〉

인턴으로 첫 직장

　　강호찬에게 한국콘텐츠센터는 첫 직장이다. 인턴으로 입사한 그는 선배가 퇴사한 자리에 본인이 정규직이 될 것을 기대하지만, 센터장의 채용 비리로 기대는 좌절된다. 업무에 있어서도 '입사 후배'인 신입사원을 보조하는 역할을 하게 되고, 선배들과 곧잘 융화되는 신입사원과 다르게 점점 소외되어 간다.

　　비정규직이 힘든 이유는 드러나지 않는 정서 문제가 크다. 눈에 보이는 정규직과의 차등보다 '퇴사할 가능성이 높은 사람'이라는 인식과 그에 기인한 알 수 없는 소외감이 그것이다.

주말 등산

주말에 선약이 있지만, 등산을 가자는 부장님의 말에 대꾸 한번 못하고 등산을 하러 가는 '강호찬'을 보며 자연스레 '휴일 근무' 기억이 떠오른다. 직장생활을 할 때, 가급적이면 팀장님 당직에 맞춰 휴일 근무를 했다. 어차피 휴일에 나와서 잔무를 처리해야 했고, 기왕이면 팀장님 당직일 때 '맞춰서 하면 좋겠다'는 충성심이 작용한 것이다. 그런 날은 팀장님과 대화를 더 많이 했고, 식사도 함께 했던 기억이 난다. 강호찬도 마찬가지로 등산을 함께하면서 관계를 돈독히 해서 회사 생활이 더 나아지길 기대했을 것이다.

그런데 마음 한 켠에는 '내가 그릇된 문화를 만드는데 일조하는 것은 아닌지?' 자문하기도 했다. 직접 듣진 않았지만 '최대리는 왜 그렇게 휴일에 팀장님과 근무해?'라고 말하고 싶은 동료가 있었을 것이다.

Spoiler 주의하세요!

다음 섹션부터는 **영화 '10분'의 스포일러**가 되는 내용이 있습니다.

공과 사의 조화?!

직장은 공적인 공간이지만 사적인 감정이 다분히 작용할 수밖에 없다. 인간은 '옳은 사람보다는 좋아하는 사람의 말을 들으며 따르고 싶어하기' 때문이다. 그래서 공·사 관계를 적절히 섞는 것이 필요하다. 동료 간에 업무만으로 공감과 소통이 된다면 좋겠지만, 인간에게는 정서가 있고 개인사가 있기 때문에 그것을 나누지 않고는 충분히 소통하기 어렵다. 질문을 하더라도 상대방의 기분을 살펴야 하고, 협조를 받을 사안이면 그 사람의 업무 상황이나 개인적 안부에 대해 알고 있으면 큰 도움이 된다.

영화 말미에 부장은 강호찬에게 다시 제안을 한다. "호찬씨, 호찬씨가 정용진씨 일을 대신해주었으면 해" 그는 그 제안을 받아들였을까? 어떤 선택했을까?

#사회생활 #비정규직 #청년인턴 #콘텐츠센터
#민방위훈련 #독립영화

"그래도 직장은 인간적 만남의 공간"
내일을 위한 시간

2014년 벨기에 영화

'내 일'을 위한 시간?

병가를 마치고 복직을 앞둔 산드라는 팀장으로부터 16명 직원의 보너스와 산드라 해고 중 택일할 수밖에 없는 경영 사정을 듣는다. 그녀를 제외한 대다수의 직원은 보너스를 택한다. 불행 중 다행히도 투표 과정에 팀장의 압박이 있었고, 산드라는 사장과의 면담으로 재투표 기회를 얻는다. 이제 그녀는 주말동안 16명 팀원 중 과반을 설득해야 한다.

그녀가 만난 동료들은 저마다 입장과 사연이 있다.

1. 절친한 동료 **줄리엣**은 사장과의 면담을 추진해서 **산드라가 재투표 기회를 얻는데 도움**을 준다.
2. 또 한 명의 절친한 동료였던 **나딘**은 **그녀를 문전박대**한다.
3. **하샴**은 "보너스가 1년치 가스와 전기 요금에 맞먹기에 **미안하다.**"며 **거절**한다.
4. **이본**은 그녀에게 투표를 해주겠다고 한다. 그러나 옆에 있던 **반대**

의견을 가진 동료에게 **주먹질**을 당한다.

5. **안느**는 처음에는 거절하나 남편과 상의한 뒤, 산드라에게 **투표 용의**
   를 전한다. 그러나 그녀는 그 과정에서 이혼 또한 결심한다.

6. **줄리앙**은 그녀에게 말한다. "당신 없이도 16명으로 작업을 잘 해왔다.
   당신이 없으면 초과근무수당을 받을 수도 있다"

Spoiler 주의하세요!

다음 섹션부터는 **영화'내일을 위한 시간'의 스포일러**가 되는 내용이 있습니다.

재투표의 날

월요일이 되어 재투표가 시작된다. 결과는 찬성(8):반대(8).
그녀는 1표가 모자라, 복직을 거부당한다. 개인 짐을 챙기고 떠나
려는 순간 사장이 부른다. 사장은 팀원 8명을 설득한 산드라의 의
지를 높이 보고 "직원 간 갈등 해소를 위해 산드라를 복직시키고,

보너스도 지급하겠다."고 제안한다. 단, 9월에 재계약을 앞둔 직원 대신에 복직 해야 하니, 2개월 뒤에 출근해야 한다고 전한다.

산드라는 "재계약을 하지 않는 것도 해고와 같다."고 말하며, 그 자리에서 일어난다.

2번의 계약직과 1번의 정규직

만일 내가 사장에게 저런 제안을 받았다면, 산드라처럼 결정할 수 있었을까? 나는 그저 사장의 제안을 받아들였을 것이다. 주말동안 16명의 팀원들을 만나서 "복직 동의에 투표해달라."고 말하며 그들의 사연을 들었다면 다른 결정을 했을지도 모른다. 그러나 생존과 생계 앞에 흔들리지 않을 자신은 없었으리라.

지난 10년 직장생활에서 나는 2번의 계약직과 1번의 정규직 신분이었다. 계약직일 때는 선배들과 알 수 없는 거리감이 느껴졌다. 기간제 사원이라는 자격지심이 있었고, 어차피 여러 후배 중 몇몇은 헤어져야 하는 인연이니 선배들도 군이 마음을 주지 않았을 것이다. 정규직 기준으로 정해지는 복지제도를 계약직은 적용받지 못하는 경우도 있어, 제도적 차이를 체감할 때도 있었다.

계약직으로 일할 때의 감정을 체험했기에, 이후 정규직으로 일하게 되었을 때, 계약직원보다 더 많은 업무를 감내하고자 했다. 드러나지 않는 혹은 드러내지 못하는 정서를 이해하고 있었기에 자발적으로 더 그렇게 행동을 했다.

위의 작품이 시사하는 바는 '유대'라고 생각한다. 직장은 단지 '근로 계약'으로 이루어진 노무 관계만은 아니기에, 큰 의미에서 연대가 아니더라도 동료에 대한 감정이나 정서를 이해하고 배려하는 일이 필요하다고 생각한다.

9월에 재계약을 앞둔 동료는 끝내 산드라를 위해 표를 던졌다. 그는 이 투표의 결과로 인해 자신이 '재계약이 안 될 수 있다'는 사실에도 '이웃을 돕는 것이 신의 뜻'이라는 믿음에 자신의 권리를 행사한 것이다. 다르덴 형제 감독의 메시지가 그 인물에 투영 되어 있다.

처음부터 업무를 잘 하거나 관계를 잘 쌓는 사람은 드물다. 조직 문화에 익숙해지고, 사람들과 소통하면서 자신의 경력을 쌓아가는 것이 직장인으로서의 길인 것은 분명하다. 그러나 시작부터 조직에서 소외받는 틀에 갇혀 시작하는 건 다른 차원의 이야기다. 한 선배는 '원래 세상이 불공정하다'고 했다. 그 선배는 현실을 제대로 인식해야 한다는 충고였을 것이다. 그러나 계속해서 불공정한 세상을 만드는데 일조할 이유는 없으리라.

지난 직장 생활 동안 노동조합에 가입한 적이 없다. 노조가 없었거나, 가입을 권유받지 않았거나, 맡은 직무로 인한 상황 때문이었다. 그래서 팀원들이 산드라의 복직과 보너스를 놓고 자신의 견해를 밝히며 투표하는 과정이 흥미로웠고, 직장에서 주인 의식이 어떻게 형성되는지를 흥미롭게 바라볼 수 있었다.

이 영화를 본 직장 동료는 이런 말을 했다. "모든 회사원은 자영업자로 끝이 난다.그래서 사내 동료 또는 사외 협력자와 늘 상대적인 관계(갑과 을)가 발생하고 변경되지만, 사람 대 사람이라는 태도를 견지한다면 건강하게 지낼 수 있다."고 말했다.

산드라는 주말 동안 안정제를 한 통이나 복용하고 결국 응급실에 실려갔다. 그리고 내린 최종 결정은 '퇴사'이다. 영화를 보는 동안 직장에서 겪었던 여러 사건이 생각났고, 복잡한 감정이 이따금 올라왔다. 그저 산드라의 용기 있는 결정에 박수를 보낼 뿐이다.

#마리옹꼬띠아르 #비정규직 #계약직 #재계약
#복직 #투표 #결정

02

업무에 열정이 필요한 순간

열정같은 소리하고 있네 X 행복을 찾아서

❶ 열정같은소리하고있네 (YOU CALL IT PASSION) 2015, 한국 #기자 #기사 #연예 #열정 #열정페이 #진실 #직업의식 #윤리 ❷ 행복을 찾아서 (The Pursuit of Happyness) 2006, 미국 #아버지 #아들 #윌스미스 #밑바닥 #빈털털이 #노숙 #주식중개인 #성공 #실화

열정 만수르 '수습기자 도라희' & 갑질 끝판왕 '부장 하재관'의

직장 생존기

〈스포츠 신문 연예부 수습기자 근무 조건〉

· 기본급 90만원+수당/성과급/휴가 없음
· 보고서 다시*n 작성
· 단독 기사 없으면 출근 불가

　　신문사는 온라인 사업으로 전환을 앞두며 구조조정을 감내해야 하는 상황이다. 〈월터의 상상은 현실이 된다〉의 잡지사 'LIFE'와 상황이 비슷하다. 이 환경에서 하재관 부장은 존폐 위기를 앞둔 연예부를 살리기 위해 발악을 하고 있다. 도라희는 무사히 수습 기간을 마치고 정직원이 될 수 있을까?

영화가 더 중요시하는 것은 '의식과 가치'

영화는 '사회생활에 찌들대로 찌든 부장'과 '아직 철없고 덜 여문 인턴'의 충돌을 재밌게 그려낸다. 근무조건을 말하는 부장에게 "정말 휴일이 하루도 없어요?"라고 묻는 순수함이나 발랄함이란! 그 속에서 영화가 주목한 부분은 '직업의식'이다. 공인으로서 기자가 지녀야 할 직업 의식이나 기사에 대한 가치에 더 무게를 두고 있다.

연예 매니지먼트 회사가 소속 연예인에게 가하는 폭력과 그것을 비판없이 보도하는 기자들. 이런 문화 속에서 특종 취재와 직업 윤리 사이의 갈등, 기레기와 기자 사이의 고민을 현실적으로 그렸다.

그리고 '상하 관계에서 비롯되는 스트레스'를 직설적으로 해소하는 장면, '그래도 인간성을 잃지 않으려고 노력하는 따뜻함'에 웃고 울 수 있는 영화다. 그래서 우리는 긍정적으로 살아가야 하지 않을까?

#기자 #기사 #연예 #열정 #열정페이 #진실
#직업의식 #윤리

"하고 싶은 일은 끝까지 밀어붙여"

행복을 찾아서

2007년 미국영화

실화에 기반한 영화

미국 샌프란시스코. 의료기 영업을 하는 크리스 가드너는 열심히 뛰어다니지만, 한물간 골밀도 스캐너는 좀처럼 팔리지 않는다. 세금도 못 내는 형편에 자동차까지 압류당하자, 지쳐버린 아내는 그와 아들을 두고 떠나버린다.

살던 집에서도 쫓겨난 크리스와 크리스토퍼. 이제 지갑에 남은 전 재산이라곤 달랑 21달러 33센트뿐. 극심하게 빈곤한 상황에서도 크리스토퍼를 보살피던 크리스는 빨간색 페라리를 모는 성공한 주식 중개인을 만나 물어본다.

크리스 : "성공한 비결이 뭐에요?"
주식 중개인 : "숫자에 밝고, 사람들과 잘 어울리면 됩니다."

'남이 할 수 있다면, 나도 할 수 있다'는 희망과 함께 크리스는 주식 중개인 인턴직에 지원한다. 우여곡절 끝에 붙긴 했지만, 그에게 주어진 것은 월급 없는 무보수에, 6개월 동안 60 대 1이라는 엄청난 경쟁을 이겨내야 하는 혹독한 과정. 학력도 경력도 내세울 것 없는 크리스는 아들과 함께 노숙자 시설과 지하철 화장실을 전전하는 어려움 속에서 행복을 찾기 위한 마지막 기회에 도전한다.

시험 A학점 ≠ 인생 A등급

크리스 가드너는 이런 말을 했다. "고등학생 때, 수학이나 역사에서 A학점을 맞으면, 무엇이든 해낼 자신감이 생겼어. 그런데 현실에선 작은 것도 잘 해내지 못했지." 나 또한 고등학교, 대학교 때 공부를 곧잘 하며 성적이 잘 나왔을 때, '세상에 어떤 일이라도 잘 해낼 수 있다'고 믿었다. 그러나 세상은 정해진 교육 과정이나 과목 이론처럼 굴러가지 않았다. 사회생활을 해보니 지식이나 실력보다는 대인관계와 인간 감정, 연줄이나 인맥 등 눈에 보이지 않는(어쩌면 학교에서 제대로 가르쳐 주지 않는) 것들에 의해 움직인다는 것을 깨닫는데 긴 시간이 걸렸다.

크리스는 어려운 현실에서도 또렷한 눈빛과 기운찬 목소리로 늘 자신감에 차 있다. 그러나 영업 부진과 아내와의 갈등, 비어가는 통장 잔고, 세금 독촉에 점점 자신감을 잃어간다. 살던 집에서 내몰리고 2차로 택한 모텔에서까지 쫓겨난 그는 아들을 데리고 지하철 화장실에서 노숙한다. 화장실 문을 두드리는 압박감에 그가 흘린 눈물은 '그 순간을 세상의 마지막'이라고 여기는 사람의 그것과 같았다.

그래도 그는 포기하지 않고, 무료로 쓸 휴식처를 찾기 위해 사회복지사를 찾아가고, 그녀는 한 교회에 가보라고 조언을 한다. 매일 줄을 서서 방을 배정받아야 하루를 쉴 수 있는 곳. 그 방을 구하기 위해, 그는 누구보다 빨리 인턴 업무를 끝낸다. 분초를 아끼기 위해 수화기를 내려놓지 않으며 물을 마시지도 않고, 업무를 마친 후에 스캐너를 팔기 위해 병원을 방문한다. 그리고 또 하루 쉴 곳을 얻기 위해 아들의 손을 잡고 줄을 선다.

Spoiler 주의하세요!

다음 섹션부터는 **영화 '행복을 찾아서'**의 스포일러가 되는 내용이 있습니다.

기회를 잡다

크리스는 다행히 연금 펀드 CEO 월터 리본과 통화가 연결되고 미식축구 팬인 그와 그의 아들 그리고 자신의 아들과 함께 경기를 보러 간다. 거기에서 여러 담당자를 만나고, 또 그 인연을 계기로 전화 회사 직원 31명과 투자 계약을 성사한다.

대학생일 때, 차량 영업을 하던 사촌 형의 말이 생각났다. 그 형은 영업을 위해 지역 스포츠 선수들을 쫓아다닌다고 했다. 한번은 KIA 타이거즈의 이종범 선수를 만나기 위해 몇 주를 경기장 밖에서 기다리고 매달려 명함을 받았다고 했다. 그와 계약만 하면 선·후배 선수들의 계약도 따낼 수 있을 것이라고 확신했기 때문이다.

사촌 형이 그 계약을 따냈는지 결과를 모르지만, 영화의 말미에 크리스는 끝내 단 1명의 주식 중개인(정규직)이 되었고, 딘 위터에서 경력을 쌓아 '가드너 리치'는 회사를 설립한다.

영화의 미덕

크리스를 연기한 배우는 성공한 흑인 배우 월 스미스이다. 어쩌면 무명 배우가 주인공을 연기했다면 훨씬 더 극적이었을지 모른다. 극한 가난에 다다른 연기가 불편한만큼 오히려 감동으로 다가왔을 것이다. 그럼에도 월 스미스의 연기나 이 영화가 작위적이거나 훈계적이지 않은 것은 어려움을 극복하는 과정과 그가 지나온 하층민의 삶을 자연스럽게 보여주었기 때문이다. 히피, 홈리스, 실업자의 모습을 여과없이 보여주었다. 마지막 극적 순간에 크리스가 출근하는 인파 속에서 북받쳐 오르는 감정을 다스리는 모습을 보여주며 일상의 행복을 말하고 있다. 반복되는 하루, 일상적인 출근이 바로 행복이라는 것을 말한다. 무엇보다 실화에 기반한 이야기가 감동에 힘을 보탠다. 영화의 명대사를 곱씹어본다.

크리스 : "아들, 누가 너에게 할 수 없다고 하면 마음에 담아두지 마. 아빠가 그렇게 말해도 말이야. 알았지?"
크리스토퍼 : "네."
크리스 : "꿈이 있다면 지켜 내야 해. 사람들은 자기가 못하면 남들도 못한다고 말해. 하고 싶은 일이 있다면 끝까지 밀어붙여."

#아버지 #아들 #월스미스 #밑바닥 #빈털털이 #노숙
#주식중개인 #성공 #실화

동료와
애정이 필요한 순간

웰컴 미스터 맥도날드 X 월터의 상상은 현실이 된다

❶ 웰컴 미스터 맥도날드 (ラジオの時間) 1997, 일본 #프로듀서 #연출자 #작가 #남편 #성우 #불꽃놀이 #맥도날드 #웃음 #시트콤 #연극   ❷ 월터의 상상은 현실이 된다 (The Secret Life of Walter Mitty) 2013, 미국 #월터미티 #나를찾아서 #상상 #나의부재 #순간을살자 #내인생 #LIFE

"성우, 스태프, 청취자가 다 함께 만드는 라디오"
웰컴 미스터 맥도날드

1997년 일본영화

직장인과 직업 만족도

라디오 프로듀서 우시지마의 고백 – "언제쯤이면 만족할만한 작품을 만들 수 있을까?" 그 작품을 위해 콧대 높은 성우들의 비위를 맞추고, 편성국장에게 찰지게 까여도 오늘 할 일을 한다. 초보 작가 스즈키는 '파칭코에서 일하는 한 여자의 사랑'에 관한 이야기를 써왔지만, 여자 성우 센본 놋코에 의해 그녀는 메어리 제인이란 외국인으로 변모한다. 그것을 못마땅해 하던 남자 성우 하마무라는 생방송 중에 이름을 '도날드 맥도날드'로 바꿔버리고, 급작스런 그의 발언에 스튜디오는 난장판이 된다. 만족할만한 작품은커녕 수습을 위한 한 판의 아수라장이 시작된다.

편한 웃음을 주는 영화

오랜만에 영화를 보면서 마음 편하게 웃어봤다. 개그 프로를 좋아하긴 하지만, 작위적인 느낌(타인을 웃기는 건 참 어려운 일이다)이나 과장된 연기에 웃음과 피로감을 동시에 느끼곤 한다. 그런데 이 작품은 시트콤 분위기와 함께 편한 웃음을 준다. 으레 '일본 영화'를 떠올리면 '일상적이며 소소하고, 잔잔한 감동을 주는' 약간의 편견이 있거나, 정반대로 장르에 따라 '시사적이거나 섬뜩한' 극과 극의 영화 스타일을 떠올리게 된다. 하지만 이 영화로 편견이 깨지며 일본 영화를 더 편하게 받아들이게 되었다.

여럿이 다 같이 하는 일

라디오 드라마 스페셜 '운명의 여인'을 만들기 위해서 성우, 성우 매니저, 아나운서, 연출자, 기술감독, 음향감독, 프로듀서, 프로듀서보, 편성국장, 작가, 경비원, 트럭 운전사(청취자)까지 많은 사람들이 참여하고 애를 쓴다. 생각지도 못한 곳에서 문제 해결방법을 발견하기도 하고, 엉뚱한 인물에 의해서 드라마는 큰 전환을 맞이한다.

Spoiler 주의하세요!

다음 섹션부터는 **영화 '웰컴 미스터 맥도날드'**의 스포일러가 되는 내용이 있습니다.

엉뚱한 인물에 의한 반전

작가의 남편은 아내에게 머릿수건을 가져다주다 드라마가 부부의 자전적 이야기임을 알게 되며, 성우 연기에 점점 빠져들고 극에 완전히 몰입하게 된다. 그는 '극적 반전'이라 부를 만한 대사를 던지고, 녹음 부스의 분위기는 급물살을 탄다.

이 대목에서 가장 크게 웃었다. 생각지도 못한 인물에 의해, 라디오계의 비전문가이자 청취자였는지도 모르는 평범한 남자에 의해 드라마와 성우, 스태프들은 걷잡을 수 없는 상황에 빠진다.

마음으로 느끼는 작품

그리고 전직 음향 효과맨이었던 경비 할아버지는 위기의 순간마다 위트를 발휘하며, 드라마에 생동감을 불어넣는다. 한

네티즌이 '가슴으로 불꽃놀이 하는 법을 알려주는 영화'라고 했는데 정말 잘 어울리는 말이다. 또한 극본이 어떤 과정으로 드라마가 되는지, 성우들은 녹음실 안에서 어떻게 연기하고, 스튜디오와 녹음실은 어떤 방법으로 소통을 하는지 알아가는 재미 역시 쏠쏠하다.

#프로듀서 #연출자 #작가 #남편 #성우 #불꽃놀이
#맥도날드 #웃음 #시트콤 #연극

"서로를 이해하는 것이 우리 인생의 목적"

월터의 상상은 현실이 된다
2013년 미국영화

회사에서 '나'는 희미해져간다

매거진 'LIFE'는 사업을 온라인화하며 구조조정을 앞두고 있다. 수십 년 동안 원본(negative) 필름 인화를 담당한 월터 미티 또한 예외는 아니다. 엎친 데 덮친 격으로, 최고의 사진작가 숀 오코넬이 보낸 필름 한 컷을 잃어버린다. 그 필름은 곧 폐간될 LIFE의 마지막 표지 사진이다. 월터는 이 난관을 헤쳐갈 수 있을까? 월터는 종종 멍을 때리며 상상에 빠지곤 한다. 그리고 영화는 제목 그대로 그의 상상을 눈앞에 펼쳐 보인다. 스크린에 펼쳐지는 판타지보다 월터가 멍을 때리며 상상하는 모습에 공감이 갔다. 직장 생활을 하다 보면 여러 질문과 확인 요청, 회의 참가 요구와 협조 사항에 지칠 때가 있고, 가끔 가만히 쉬고 싶다는 욕구가 올라왔다. 아마 그때 내 모습도 멍을 때리는 모습이 아니었을까?

어렵게 경쟁률을 뚫고 회사에 입사했지만, 적성에 맞지 않아 고민이 많은 사원, 업무에 재미가 붙고 관계도 쌓였지만 조직무화에 불만이 생긴 대리, 줄곧 한 가지 직무에 지쳐서 전직을 고민하는 과장 같은 실무자가 보면 좋을 영화이다.

Spoiler 주의하세요!

다음 섹션부터는 **영화 '월터의 상상은 현실이 된다'의 스포일러**가 되는 내용이 있습니다.

그를 아껴주는 사람이 많다

그는 결국 난관을 해결하지 못하고 해고를 당하며, 사원증을 반납하고 퇴직금을 받으러 간다. 그러나 그에겐 아껴주는 사람들이 많다. 그를 멋진 선배로 우러러보는 후배 헤르난도, 그의 상상력에 날개를 달아주는 회계 직원 셰릴, 그가 버린 지갑을 다시 챙겨놓은 어머니 에드나. 16년 동안 필름 보관실에서 근무하며 갇힌 생활을 했던 그이지만, 동료들과 어머니의 응원에 힘입고 사진 속 숀의 손짓에 이끌려 그리란드, 아이슬란드, 히말라야를 여행하며 그의 인생을 하나씩 되찾아간다.

오랜 동료에게 얻은 깨달음

체험 같은 여행 끝에 히말라야에 당도한 그는 숀을 만나고, 그에게 삶의 철학을 듣는다. 숀은 말했다. "찰나의 순간을 찍어야 하는 사진 작업이지만, 찍지 않을 때가 있다. 그냥 저기 피사체와 여기 있는 내가 공존하는 그 순간을 즐기고 싶기 때문이다." 그는 유령 표범이라 불리는 눈표범이 순간 지나갔지만, 찍지 않고 지켜만 봤다.

지난 직장생활에서 업무 상황과 처한 입장 때문에 하지 못하거나 미뤄둔 일이 많았다. 휴대전화 메모장에 적어놓은 버킷리스트(소망 목록)는 늘어만 갔다. 연애, 여행, 노래 배우기, 바리스타 자격 따기 등 지금 생각하면 틈틈이 할 수 있었지만, 직장생활 동안 그런 적은 없었다. 야근과 휴일근무, 계속되는 자기개발 과정에서 미뤘던 것을 실천하기란 참 어려웠다.

쫓기는 마음과 지쳐버린 체력, 앞으로 길에 대한 고민 등으로 변명하고 싶지만, 결과적으로 나답게 살진 못했다. 업무 실적이나 쌓은 관계 등 성과가 있다지만 그 시간동안 내 삶이 희미해진 건 아쉬울 뿐이다. 아무리 어려워도 현재를 살자. 순간을 즐기는 것(일하거나 놀거나, 배우거나 쉬거나)이 인생의 최고 선택이다. 월터의 상상은 현실이 됐고, 그는 자신을 찾았다.

#월터미티 #나를찾아서 #상상 #나의부재 #순간을살자 #내인생 #LIFE

회복과 성장이 필요한 순간

내가 죽기 전에 가장 듣고 싶은 말 X
스트레스를 부르는 그 이름 직장 상사1,2편

❶ 내가 죽기 전에 가장 듣고 싶은 말 (The Last Word) 2017, 미국 #까칠한상사 #괴팍한사장 #완벽주의자 #워크앤라이프밸런스 #사망_전문_기자 #셜리맥클레인 ❷ 스트레스를 부르는 그 이름 직장 상사1,2편 (Horrible Bosses) 2011/14, 미국 #사이코상사_비위맞추기 #갑을관계_버티기 #존버 #자기계발 #성장 #교육 #창업

"인생살이의 우선순위(Work&Life Balance)"
내가 죽기 전에 가장 듣고 싶은 말 2017년 미국

자연스러운
감동을 주는 영화

"보기 편하고 적절하다."는 말이 딱 어울린다. 과하지 않고 부족하지도 않은 영화. 감동을 부추기지 않으며 감정에 호소하지 않는다. 영화 포스터를 보면 '성공한 사업가지만 이제는 은퇴한' 할머니와 '젊은 여성' 기자, '불우한 흑인' 소녀의 버디 무비임을 직감할 수 있고, 줄거리를 읽으면 힐링 영화임을 대번에 알 수 있다. 그러나 형식적으로 그런 요소를 표방한 '흔한 영화'가 아니다. 음악이 자주 사용됐지만, 그마저도 주인공의 인생살이로 녹여내면서 이야기의 한 갈래로 잘 엮어냈다. 그리고 영화의 대사를 활용하면 '주연 배우 셜리 맥클레인은 영화를 이끌었고, 스태프는 그녀를 따랐다'

완벽하지만 외로운 그녀

'해리엇 롤러'는 광고 기획사 창업자이자 성공한 여성 기업가이다. 그러나 완벽하고 까칠한 성격 탓에 회사를 은퇴하고 외로운 생활을 하고 있다. 그러던 중 '로이 쉔켄'이라는 지인의 사망 기사를 보게 된다. 기사 속에 그녀는 가족과 동료를 사랑했고, 지역의 어려운 아동에게 희망을 준 '인정 많은 사람'으로 표현되었다. 그러나 해리엇은 그녀가 그런 인물이 아님을 알고 있다. 순간 해리엇은 자신이 죽었을 때 기사가 어떻게 쓰일지 고민하다, 생전에 사망 기사를 준비하기로 한다. 그리고 사망 전문 기자 '앤'을 찾아가 사망 기사를 부탁하지만, 그녀의 가족과 이웃, 동료를 취재한 앤이 써온 것은 그녀가 전혀 바라는 글이 아니다. 앤의 인터뷰에 응한 사람들의 말이다.

이웃 : "좋은 얘기를 할 수 없다면 입을 다물라."는 말이 있죠.
미용사 : "그녀가 처음 숍에 와서 머리를 해달라고 했어요. 손님이 있다고 말했는데, 그 손님한테 나가라고 했죠."
회사 후배 : "내가 해리엇에게 바라는 건 단 하나에요." "그녀가 죽는 것이요!"
성당 신부 : "전 정말 그녀가 싫어요." "너무, 너무, 너무"

그녀는 여전히 까칠하다. 가사 도우미의 칼질을 보다 못해 직접 요리를 하고, 정원사의 관목 손질에 "'위에서 아래'가 아니라 '아래에서 위로'하라고 몇 번을 말해요."라며 신경질을 낸다. 그녀는 "다른 일자리가 굳이 필요하지 않다."는 앤에게 신문사의 핵심 기부자임을 앞세워 취재를 압박하기도 했다.

Spoiler 주의하세요!

다음 섹션부터는 **영화'내가 죽기 전에 가장 듣고 싶은 말'**의 스포일러가 되는 내용이 있습니다.

남은 인생 잘 꾸며놓고 가자

해리엇은 앤이 써온 기사를 보고 자신의 인생에 '사랑' '관심' '칭찬'이라는 단어를 남길 수 없음을 깨닫고, 남은 시간 동안 현실을 잘 꾸며놓고 떠나기로 결심한다. 훈훈한 사망 기사에는 4가지 요건이 있다. ① 가족들의 사랑을 받으며 떠날 것 ② 동료들에게 칭찬을 받을 것 ③ 아주 우연히 한 사람의 삶에 영향력을 끼칠 것 ④ 특정한 수식어(예시. 추상화 수집가로 널리 알려진)가 있을 것. 그러나 그녀에게는 이혼한 남편과 연락을 끊고 사는 딸이 있다. 그녀의 부하 직원이나 이웃들은 그녀를 싫어하고 좋은 말을 하지 않는다. 그리고 그녀가 선한 영향력을 끼친 사람은 여태까지 없다.

그녀는 첫 번째로 지역의 불우한 흑인 아동을 찾아 나선다. 그녀는 아이들과 이야기하는 자리에서 이런 말을 한다. "나는 모험을 무릅쓰며 살아왔다. 내가 공부하거나 사업을 할 때, 남자들은 나를 만나지 않았다. 남자들은 '공부하거나 일을 하는 여자'와 결혼하기를 꺼려 했기 때문이다. 그리고 직장에서는 여자 상사를 불편하게 여겼다" "그런데 위험한 일을 무릅쓴다면 멍청한 일보다는 대단한 일을 해야 하지 않겠니?" 그러면서 '브렌다'라는 말썽꾸러기의 멘토가 되어준다.

또한 그녀는 로큰롤을 좋아했고, 상당한 안목이 있는 음반(LP) 수집가였다. 그녀는 81세의 나이에 앤이 말해준 인디 방송국을 방문해 아침 프로그램 진행자(DJ)에 도전장을 내민다. 그녀를 의아해하는 방송국장에게 그녀의 기획안을 말하며 수

집품을 보여주고 멋지게 첫 방송을 치러낸다. 이후에는 81세 해리엇과 20대 앤, 9살의 브렌다가 함께 그녀의 딸인 엘리자베스를 만나러 가는 여행길에 오르며 영화는 절정을 향해 간다.

일과 삶의 균형?

〈악마는 프라다를 입는다〉의 편집장 '미란다'가 은퇴하면 그녀처럼 되지 않을까. 일에 대한 욕심에 가정을 잘 돌보지 못했으며, 은퇴하니 찾아오는 동료는 없고 일상은 마음에 들지 않는다. 그러나 이야기를 보면 우리의 직장생활에서 우선순위가 무엇인지 짐작할 수 있다. 사망 기사의 4가지 기준인 '가족의 사랑' '동료의 칭찬' '타인에 대한 영향력' '개성' 순서이다.

학생일 때는 학교가 세상의 전부로 보이는 것처럼, 직장생활을 하면 일이 전부가 된다. 경쟁이나 성과에 길들여져 가족과 친구, 이웃과 동료를 돌아보지 못한다. '워라밸(work and life balace)'이 결론적으로 말하고자 하는 바는 '일 속의 삶'이 아니라, '삶 속의 일' 아닌가. 하지만 일과 삶의 균형을 맞추는 것조차 쉽지 않은 것이 현실이다. 생계를 유지하기 위해 건강하게 일을 하거나, 타인을 설득하며 자기 것을 내어주고 성과를 창출하는 것은 쉽지 않다. 또 그 과정에서 스스로 의미와 가치를 찾으며 동기를 부여하고, 타인과 사회에 선한 영향력을 행사하는 것은 정말 어려운 일이다.

흔히 인생의 방향을 놓치거나 가치를 잃어버렸을 때는 '유언장'을 써보라고 한다. 나의 장례식을 어떻게 치르고, 유산은 어떻게 정리할지, 남은 사람에게 무슨 말을 남기고 떠날지 그려보고 써보면 현재가 다르게 보인다. 이 영화는 그런 유언장 쓰기의 좋은 사례이다.

해리엇은 말한다. "우리가 실수를 하는 것이 아니라. 실수가 우리를 만든다. 앞으로 크게 자빠지자. 실패해야 배운다" 그리고 앤은 7년 동안 다닌 신문사의 편집장에게 사직서(그녀의 표현으로 '사망 기사')를 낸다. "앤이란 기자는 죽었습니다. 그녀는 주저함과 망설임, 두려움을 뒤로하고 다시 시작합니다. 그녀를 위해 슬퍼하거나 애도하지 않을 것입니다. 그녀를 여기에 묻고 떠납니다."

#까질한상사 #괴팍한사장 #완벽주의자 #워크앤라이프밸런스
#사망_전문_기자 #설리맥클레인

"인생 플랜B를 위한 자기 계발과 성장"

스트레스를 부르는
그 이름 직장 상사1,2편

2011·2014년 미국영화

회사보고 들어왔다, 상사보고 떠난다?

"회사보고 입사해서 상사보고 퇴사한다"는 말이 있다. '직장 상사=꼰대'라는 등식은 당연하지 않지만, 그 말은 직장 내 인간관계, 특히 상사와 부하 직원처럼 긴밀하게 연결되는 사이가 관계 맺기 더 어렵다는 것을 단적으로 드러낸다. 영화는 '직장 내 괴롭힘이란 말로도 부족한 행동'을 하는 상사들을 공공의 적으로 놓고 통쾌한 한 방을 날린다. 승진을 미끼로 밤낮없이 야근을 시키며 사적으로 괴롭히는 '데이브', 조무사를 성희롱하는 치과 의사 '줄리아', 아버지에게 물려받은 회사를 현금지급기처럼 생각하는 경영자 '바비' 등 정도가 지나치지만 현실에 있을법한 인간들을 그려낸다.

데이브의 부하직원 '닉'은 승진을 위해 반년 동안 새벽 6시에 출근해 한밤중에 퇴근하고 있다. 조퇴하면 해고당한다는 협박에 할머니 임종도 지키지 못했다. 치과 조무사인 '데일'은 환자 치료 도중에 줄리아에게 상습적으로 성희롱을 당한다. 하지만 경미한 범죄 이력이 있어 이직을 하지 못한다. 회사의 경리 과장을 맡고있는 '커트'는 회사를 자기 멋대로 운영하려는 바비가 어처구니 없지만 월급쟁이 입장이라 참고 견디고 있다.

셋은 술자리에서 해결 방안을 강구하지만, 마땅히 떠오르지 않고 결국은 머리를 맞댄 끝에 '상사들을 죽이기'로 결심한다. 그리고 영화는 미국식 화장실 유머를 보여주며 해피 엔딩을 향한다. 이런 유머가 안 맞는 사람에게는 불편할 수 있지만, 청소년 관람 불가 코미디 영화인 만큼 폭소를 터뜨릴 수 있다.

직장인이 아닌 직업인

그렇다면 세 명의 주인공이 택할 수 있는 길은 무엇일까? 자신을 정신적·육체적으로 괴롭히거나 무능력한 상사를 견디며 직장에서 버티는 것 또는 이직을 하는 수밖에 없다. 하지만 이직을 위해서는 지금 회사보다 더 높은 역량을 갖추고 많은 실적을 이뤄야 채용될 가능성이 크다.

그래서 직장인에게 업무와 별도로 '자기 계발'이 큰 숙제이다. 직장생활을 할 때, 주말 중 토요일에는 잔무를 처리하고 일요일에는 부족한 잠을 채우는데 많은 시간을 보냈다. 그러면서 일요일을 생산적으로 보내지 못했다는 불안감에 시달렸다. 몸이 따라주지 않아 휴식을 취할 때도 마음 편하게 쉬지 못했던 감정이 남아있다.

직장생활을 하다 보면 회사의 명성이나 부가 가치를 '나의 것'이라고 동일시하는 착각에 빠지곤 한다. 그런데 이직을 하거나 개인 사업을 시작하면 그렇지 않다는 것을 금세 깨닫게 된다. 나의 역량과 능력은 한정되어 있다. 이를 보완하기 위해서라도 제2의 직업(인생 플랜B)을 선택하고 그것을 실행하기 위한 기반을 만들어놔야 한다. 휴일이나 휴가 기간에 새로운 것을 배우거나 새로운 관계를 형성할 필요가 있다.

Spoiler 주의하세요!

다음 섹션부터는 **영화'스트레스를 부르는 그 이름 직장 상사1·2편'의 스포일러**가 되는 내용이 있습니다.

후속편의 주제는 '창업'

　　1편의 흥행에 힘입어 3년 뒤에 후속편이 나왔고, '상사 꼴 보기 싫어서 창업을 한' 세 친구가 다시 등장한다. 'Shower Company'라는 창의적인 생활 용품을 개발하지만, 어리석게도 유통업계 강자에게 특허권까지 빼앗길 처지가 된다. '창업'을 소재로 한 속편의 이야기 전개는 당연한 것일지 모른다. '직장인의 끝은 자영업자'라고 하지 않던가. 그런데 회사를 나와서 개인 사업을 시작했을 때, 거래해온 협력업체에서 내 사업에 관심을 갖거나 거래를 새롭게 성사시킬 수 있을까? 또한 회사에서 받은 만큼의 연봉을 사업 매출로 유지할 수 있을까? 이런 물음을 자영업자 현실에 대입해보면 그렇지 못한 경우가 더 많을 것 같다.

　　은퇴한 직장인들이 선택하는 사업은 생활에 필수적인 마트·편의점·카페·치킨집 운영이나 택시 운전 등이다. 개인 사업 분야를 선택하는데 여러 이유가 있겠지만, 오랫동안 직장생활을 하며 쌓아온 능력을 재창출하며 살아가는 것이 여간 어려운 일이 아님을 짐작할 수 있다. 더욱이 영화 속 세 명의 주인공이 창업을 한 이유가 믿고 따를 수 있는 상사가 없고, 누구 아래서 일하고 싶지 않은 것이라면 그만큼 사업의 핵심을 꿰뚫지 않은 채 시작한 것과 마찬가지다. 그래도 영화를 보면서 마음 한켠에는 내게 저런 아이템이라도 있는지 고민하게 된다.

다시, 직장인이 아닌 직업인

직장생활에 몸과 마음이 지쳐서 교육을 받기 힘들다면 휴일을 가족들과 의미있게 보내거나 취미 생활을 하는 것도 불안한 미래를 대비하는데 도움이 될 것이다. 요즘은 취미가 직업이 되는 시기라고 한다. '유튜브 개인 채널' 등의 사례를 보면 개인의 콘텐츠가 수익으로 연결이 된다. 또 그 과정에서 얻은 새로 시각으로 업무를 개선하거나 새로운 관계를 기반으로 영업력을 확장할 수 있다.

화장실 유머로만 범벅된 영화로 치부하기에 이 두 작품의 시작 부분은 우리의 일상과 참 많이 닮아있다. 직장 상사와의 관계, 업체 간의 갑을 관계 등을 자극적인 웃음으로만 소비하기에는 아쉽다. '크게 웃을 수 있는' 환기를 주는 영화임에 의미를 두고 싶다. 이렇게 또 하나의 숨구멍이 열려야 정말 상사 꼴보기 싫은 이유가 아니라, 직장생활을 잘 버티고 견딘 시간 속에서 내 사업 기반을 잘 닦아서 당당히 사직서를 내고 자신의 길을 갈 수 있지 않을까?

#사이코상사_비위맞추기 #갑을관계_버티기 #존버 #자기계발
#성장 #교육 #창업

05

퇴사는
또 다른 시작

잠깐만 회사 좀 관두고 올게 X 라스트 홀리데이

❶ 잠깐만 회사 좀 관두고 올게 (To Each His Own) 2017, 일본 #프로듀서
#인생 #퇴사 #절망 #희망 #결정 #시작 #영업 #블랙기업 #리틀포레스트
❷ 라스트 홀리데이 (Last Holiday) 2006, 미국 #가능성 #버킷리스트 #백화
점 #판매원 #불치병 #여행 #현실 #실현 #꿈

"인생은 살아 있다면 어떻게든 되는 법이다"
잠깐만 회사 좀 그만두고 올게 2017년 일본영화

'어렵게 취업한'
회사를 그만두면 어떻게 될까?

직장은 생계를 이어가는 공적인 곳이다. 꼭 '공인'이라는 말을 쓰지 않아도, 직장이 주는 무게감이란 그렇다. 업무성취, 대인교류, 자아실현을 꿈꾸기 전에 노무를 제공하고 임금을 받는 일터. 그래서 회사의 명령이나 상사의 지시를 따라야 하고, 그 속에서 나를 더 돋보이고 성과를 달성하기 위해 하루하루 정신 차리고 사는 것이다.

이런 회사를 그만둔다는 것은 생계 위협일 뿐 아니라, 인생 방향을 흔드는 결정임은 분명하다. 건강이 안 좋아져서, 업무가 적성에 맞지 않아, 대인 갈등 때문에, 새로운 도전을 위해서, 욜로(Yolo)나 소확행을 위해서 등 그 이유는 다양하다.

어떤 이유로든 퇴사를 고민하게 되면 주변 동료나 지인과 고민을 나눌 것이고, 회사에서 한번은 붙잡을지 모를 일이다. 그러나 주변의 경험담이나 내 경험으로 미루어봤을 때, 매끄럽게 퇴사하는 것도 쉬운 일은 아니다. 당장의 업무 인수인계나 동료 관계나 임금 관계를 잘 정리하고 퇴사하면 좋지만, 그간 회사와 동료에 대한 불만과 불평같은 잔여 감정 또는 업무 고충이 폭발하지 않으면 다행이다. 퇴직금 등 임금을 받지 못해 업무 자료를 다 지우고 가는 경우나 회사를 노동청에 신고하고 퇴사하는 경우들도 있지 않은가?

이 영화는 누구도 쉽게 말해 줄 수 없는 퇴사의 과정을 담담히 그려내고 있어, 그 점만으로도 볼만한 가치가 있다. 노동자를 막 대하는 블랙 기업이라는 설정 등이 전제하지만, 충분한 공감대를 형성할 수 있지 않을까 생각한다.

Spoiler 주의하세요!

다음 섹션부터는 영화 '잠깐만 회사 좀 그만두고 올게'의 스포일러가 되는 내용이 있습니다.

내가 현재 고민해야 할 점

(영화 대사 인용)

장면1. 고향 부모님댁

아오야마 : 내가 회사 그만두고 싶다면 어떻게 할 거야?

어머니 : 뭐, 어떠니? 세상에 회사가 하나만 있는 것도 아니잖아. 여기로 돌아와도 되고.

아버지 : 아직 넌 젊어. 얼마든지 실패해도 괜찮아. 다카시, 인생이란 살아 있기만 하면 어떻게든 풀리는 법이다.

어머니 : 있잖아, 다카시. 여기로 이사 오고도 아빠가 일자리 찾기 어려웠잖니. 할머니 병수발도 제일 힘들었을 때, 엄마는 모든 것이 지쳐서 아빠에게 죽자고 말한 적이 있었어.

어머니 : 하지만 그만뒀어. 우리가 어떻든간에 네겐 너의 인생이 있다고 생각했더니, 네가 어떤 어른이 될지 보고 싶어졌거든!

아버지 : 어쨌든 엄마에게 자주 전화해라. 네 엄마 참고 참아서 3번 할 거, 1번 하는 거야.

장면2. 회사 옆 카페

야마모토 : 아침부터 무슨 일이야?

아오야마 : 야마모토, 너에게 하고 싶은 말이 있어서.

야모모토 : 뭔데?

아오야마 : 불러놓고 미안한데, 여기서 잠시 기다려줄래? 나 잠깐만 회사 좀 관두고 올게.

장면3. 사무실

아오야마 : 좋은 아침입니다.

부장님 : 15분 지각이다. 벌금 2천엔 놓고 자리로 가.

아오야마 : 오늘부로 회사를 그만 두겠습니다.

부장님 : 아침 댓바람부터 헛소리를 지껄이고 있어. 이래서 요즘 것들은 글러 먹었단 거야. 일은 더럽게 못하면서 자존심만 높아가지고. 사회가 뭔지 알기나 해? 이 정도도 못 버티는 놈은 어디 가서 사람 구실도 못해. 평생 실패만 하다 패배자로 종치겠지.

아오야마 : 제 인생은 저와 절 지켜주는 사람을 위해 존재합니다.

부장님 : 뭐? 결국 다 내팽겨치고 도망가는 거잖아. 너 같은 놈이 다른 직장을 찾을 수 있을 것 같아. 착각도 정도껏 해.

아오야마 : 쉽게 찾지 못해도 괜찮습니다. 전 이 회사 입사를 너무 쉽게 결정했습니다. 취직을 빨리하고 싶어 안달 난 나머지 내가 진짜 하고 싶은 게 뭔지도 모른 채 이 회사에 입사했습니다. 그래서 여러분까지 고생하게 만들었습니다. 죄송합니다.

부장님 : 네가 뭔데 맘대로 지껄여? 회사 규정상 사직서는 1달 전에 내야 해. 그래도 관두겠다면 징계 해고로 처리하는 수밖에!

아오야마 : 그래도 상관 없습니다. 저는 사흘 전까지 이 회사 옥상에서 뛰어내릴 생각을 했습니다. 하지만 이런 제게 내일부터 인생을 바꿀 수 있다는 것을 깨닫게 해준 소중한 사람이 있습니다. 그리고 부장님, 부탁이 있습니다. 이 회사에는 열심히 일하는 사람들이 있습니다. 그 사람들을 인정해주세요. 그동안 감사했습니다.

부장님 : 까불지 마!

아오야마 : 가능하다면 부장님도 잠시 쉬세요.

부장님 : 닥쳐!

장면4. 편지

아오야마 : 있지, 야마모토 살다 보면 괴로운 일이 있어. 하지만 어딘가에 희망은 반드시 있어. 희망이 없다면 찾으면 돼. 보이지 않는다면 만들면 돼. 그리고 그 희망마저 잃어버렸다면 다시 처음부터 시작하면 돼. 그렇게 앞으로 나아갈 수밖에 없어. 야마모토도 그렇게 살아온 거겠지?

#인생 #퇴사 #절망 #희망 #결정 #시작 #영업 #블랙기업 #리틀포레스트

"자아 실현은 좋아하는 일을 시작하는 것부터"

라스트 홀리데이

2006년 미국영화

소망을 담은 책 'Possibilities'

　　뉴올리언즈의 한 백화점에서 식기를 판매하는 조지아는 여느 날과 다름없이 평일에는 출근을 하고, 휴일에는 교회를 간다. 그리고 '가능성'이란 제목의 책에 자신의 소망을 스크랩하는 것이 취미이다. 요리한 음식사진 또는 존경하는 요리사 '에머릴 라가세'나 짝사랑하는 동료 직원 '숀'의 사진을 앨범에 붙여 두었다. 그러나 음식 사진을 빼고는 아직 다 희망 사항일 뿐이다. 그녀의 꿈은 작은 식당을 차리며, 남편과 행복하게 사는 것인데 그조차 시작할 기미도 보이지 않는다.

　　그러던 어느 날 실수로 찬장에 머리를 부딪히는 바람에 병원에서 CT 검사를 받고, '램핑턴'이란 희귀병에 걸린 사실을 알게 된다. 그녀에게 남은 시간은 고작 한 달. 그녀는 여생 동안 자신의 소망을 이루기 위해, 퇴직 연금과 유산으로 받은 채권을 다 인출해서 삶의 마지막 여행을 떠난다.

서민 직장인의 유쾌한 일탈

그녀는 백화점 매니저에게 퇴사 의사를 전하러 가는데, 꼰대 매니저는 그녀의 말을 제대로 듣지 않는다. 그녀는 그의 휴대전화를 구두 굽으로 박살낸다. 비행기에서 '더 좋은 서비스를 받고 싶으면 일등석으로 옮기라'며 비아냥대는 승무원에게도 '당장 자리를 바꿔달라'고 한다.

그녀는 그토록 원하던 '유서 깊은 호텔 PUPP'에 도착해 그동안 하지 못했던 여유와 사치를 누린다. 마사지를 받거나 화려한 옷을 사고, 베이스점프나 스노우보드 등 액티비티 스포츠까지 도전한다. 그러던 중 상원 의원에게 로비하기 위해 온 매슈 일행과 호텔 식당에서 우연히 엮이게 된다.

Spoiler 주의하세요!

다음 섹션부터는 **영화 '라스트 홀리데이'의 스포일러**가 되는 내용이 있습니다.

백화점 판매원과 백화점 사장의 독대

백화점 사장인 매슈와 그의 내연녀는 조지아가 미국에서 온 부호인 줄로 오해하고, 그녀에게 의도적으로 접근한다. 하지만 비로소 그녀의 정체가 드러나고, 매슈는 연말 파티 자리에서 그녀에게 공개 망신을 준다.

그러나 그녀는 말한다. "전 곧 죽지만, 이토록 아름다운 곳에서 멋진 경험을 했어요. 그간 제가 너무 정직했다면 사과드립니다. 하지만 너무 오랫동안 침묵을 지켜왔어요. 두려웠던 거죠." "무조건 고개를 숙이고 달려나가기만 했죠. 그러다 고개를 들면 의문이 생겨요. '어쩌다 여기까지 왔지?' 그렇죠?"

사람들은 그녀의 진심을 깨닫고 오해를 풀지만, 그로 인해 사람들에게 신뢰를 잃어버린 매슈는 술을 진탕 마시고 호텔 난간에서 떨어지려고 한다. 그때 조지아가 나서 그와 대화를 시도한다.

조지아 : "당신처럼 돈과 시간이 많은 사람은 시간을 되돌릴 수 있어요."

매슈 : "뭘 다시 시작하죠?"

조지아 : "글쎄요. 저에겐 당신이 주구장창 말해온 '더 나은 사람이 되는 다섯 가지 규칙' 같은 건 없어요. 하지만 이건 알아

요. 다른 사람의 관심을 원하다면 사람을 사고 파는 짓은 그만 둬요."

매슈 : "제가 그랬나요?"

조지아 : "또 있어요. 매달 자기 잡지에 얼굴 좀 그만 디밀어요."

매슈 : "당신 같은 사람이 내 밑에 있었다니 놀랍군요."

조지아 : "영원히 일할 생각은 없었어요. 계획이 있었거든요."

매슈 : "그래요? 어떤 계획이죠?"

조지아 : "당신에 비하면 초라하지만, 언젠가 내 식당을 열고 싶었어요. 작은 식당이죠."

소규모 회사가 아닌 이상, 백화점 지점의 식기 판매원이 백화점 사장을 독대하는 일이 얼마나 있을까? 세 군데 직장을 다녔지만, 기관장이나 단체장과 면담을 한 것은 한쪽 손으로 셀 수 있을 정도이다. '업무 보고'를 제외하고 말이다. 그녀가 매슈에게 한 말은 따뜻한 조언이었지만, 그 장면에는 상쾌함마저 들었다.

나를 실현하는 과정(Realities)

그녀는 숀과 연인이 되고, 자신의 이름을 딴 조지아 레스토랑을 차린다. 그리고 '품'에서 만난 인연들과 존경하는 셰프 '에머릴 라가세'를 초대해 파티를 여는 것으로 영화는 마무리된다.

직장생활을 하면서 취미 활동을 한다는 것조차 쉽지 않은 현실이다. 블로거 '아트메신저 이소영'의 말이 생각난다. "내가 좋아하는 일을 하는 것이 평범한 일상을 비범하게 만든다." 처한 현실이 어렵다고 해서 좋아하는 일을 손에서 놓게 되면 영영 이루지 못한다. 좋아하는 일을 하나씩 해나가는 것이 바로 나와 내 삶을 실현하는 과정이다.

#가능성 #버킷리스트 #백화점 #판매원 #불치병 #여행
#현실 #실현 #꿈

추억 여행

이 영화는 2006년도 개봉작으로 14년밖에 지나지 않았지만, 폴더폰이나 디지털카메라가 소품으로 등장하며 옛 추억에 잠길 수 있다. 그리고 그녀가 머무른 '그랜드 호텔 PUPP'는 '카를로비 바리' 국제 영화제가 열리는 체코에 있는 실제 호텔이다.[7] 영화 〈007 카지노 로얄〉에 등장했고 〈그랜드 부다페스트 호텔〉의 실제 모델이 되었다. 1701년 개업 이래, 괴테나 베토벤 같은 예술가들이 주변 온천에서 휴양하기 위해 머무른 유서 깊은 호텔이다.

또한 영화에서는 스쳐 가지만 호텔의 고풍스런 벽화나 회화, 천장 장식을 눈여겨보며 은근한 시간 여행을 할 수 있다. 현재 '코로나19'로 인한 세계적인 전염병 유행으로 외국 여행길이 막혀있는데, 영화로 여행을 떠날 수 있는 좋은 기회이다.

---

7) '카를로비바리국제영화제'는 동유럽권의 대표적인 사회주의 영화제로서 1960년부터 소련의 모스크바영화제와 번갈아 개최되다가 1994년에야 비로소 매년 개최되었다. (출처 : 포털 DAUM 영화)

Chapter ❸
직장인의
인생 작품
15편

1. 업무 스트레스를 해소한 힐링 영화 5편
〈족구왕〉, 〈실버라이닝 플레이북〉, 〈영웅본색〉
〈라스트 홀리데이〉, 〈언어의 정원〉

2. 인생 가치 수립에 도움을 준 영화 5편
〈창문 넘어 도망친 100세 노인〉, 〈타샤 튜더〉
〈플립〉, 〈커런트 워〉, 〈어쩌다 로맨스〉

3. 취업 준비생에게 추천하고 싶은 영화 5편
〈허슬러〉, 〈브링잇온〉, 〈빌리 엘리어트〉
〈레버넌트 : 죽음에서 돌아온 자〉, 〈비긴 어게인〉

영화로
보는 ⊛ 직장
소통법

인류 최초로 영화를 상영한 뤼미에르 형제. 그들은 1895년 프랑스 파리의 카페 '르 그랑' 지하에서 지인 33명을 초대하여 유료 상영회를 진행했다. 나는 영화를 제작하거나 상영하지는 못하지만, 그간 업연을 맺어왔던 직장인 33명을 대상으로 서면 인터뷰를 진행했다.

인터뷰 질문은 세 가지로, '영화로 업무 스트레스를 해소한 경험' '영화를 통해 인생 비전을 세우는데 도움받은 경험' '취업 준비생 또는 신입사원에게 추천하고 싶은 영화'이다. 마지막 질문은 "내 인생 영화를 추천해주세요"라는 물음을 이 책의 주제에 맞게 바꿔 질문한 것이다.

'연령'은 10대부터 50대까지, '직위'는 인턴부터 대표까지, '직장 생활 기간'은 1년 미만부터 25년 미만까지, '직군'은 관리직, 기술직, 사무직, 연구직, 영업직 등 다양한 분야의 직장인들이 응답했다. 내 생각과 감정으로 쓴 글로 이 책을 마무리하기보다 '타인의 시선이 필요하다'고 판단했다. 더 넓게 영화를 감상하고 소통하는데 도움이 되었으면 한다.

※ 글쓴이의 의도를 살리기 위해 교정 외에 윤색을 하지 않았다.

01

업무 스트레스를
해소한 힐링 영화 5편

족구왕

·

실버라이닝 플레이북

·

영웅본색

·

라스트 홀리데이

·

언어의 정원

직장 생활로 쌓인 스트레스를
영화로 해소한(healing) 경험이 있다면 적어주세요.

#휴식 #윤활유 #활력 #회복 #일상

《족구왕》
1. 제조업계 구매직 대리님(30대 여성)

주인공들이 학업과 취업 스트레스에서 잠시 벗어나 '족구'라는 운동을 통해 시간과 체력을 쏟는 장면을 보며 긍정적 기운을 받았음. 특히 안재홍과 박호산의 대사들을 들으며 한바탕 웃으며 즐겁게 영화를 봤다. 학교에서는 50분 수업을 하면 10분 쉬는 시간을 준다. 그 시간 동안 쉬면서 다음 수업을 여유롭게 준비하거나 혹은 휴식시간을 가지거나 놀이시간을 가지기도 한다. 다음 수업 생각은 접어두고 10분이라는 짧은 시간 동안 공기놀이를 하며 무척 재밌게 보냈던 기억들이 떠올랐다. 그리고 '주인공들에게 족구하는 시간이 이와 비슷하지 않을까'라는 생각을 했다.

《실버라이닝 플레이북》
2. 홍보업계 영업직 대리님(20대 남성)

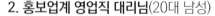

2013년 개봉했던 '실버라이닝 플레이북'을 보고 영화를 통해서 치유를 받을 수 있다는 감정을 느꼈다. 집과 회사만 무한반복하던 일상에서 주말에 우연히 넷플릭스를 통해 이 영화를

발견했는데, 단순 로맨틱 코미디라기보다는 상처를 입은 두 남녀 주인공이 어떻게 진창 속에서 빠져나오는지에 대한 이야긴데 재밌는 점은 주인공들은 뭔가 적극적인 치료를 통해 치유를 받지 않고 서로에게 춤이라는 매개체를 이용하여 상처를 치유해 나가는 과정이 일반적인 영화들과 달리 뻔한 소재를 사용하지 않아서 좋았다. 지친 일상 속에서 잠시나마 영화를 통해 감정을 치유할 수 있는 좋은 시간이었다.

《영웅본색》
3. 교육업계 대표 강사님(40대 여성)

　영화를 자주 보는 편이 아니라 최근 영화는 없고 인생 영화는 〈영웅본색〉이에요. 주인공, 스토리, 음악, 어느 하나 뺄 것 없이 좋았죠. 어린 시절 홍콩 느와르물이 유행하기도 했고 보고 생각을 많이 하게 하는 영화보다는 잔잔하거나 가벼운 로맨틱 코메디물 보통 좋아해요. 일본영화인 〈우동〉 재미있게 봤고 우리나라 영화로는 〈국가대표〉 기억에 남아요. 스트레스를 해소하는 영화라고 꼭 재밌거나 해야 하는 건 아닌 것 같아요.

《라스트 홀리데이》
4. 제약업계 영업직 부장님(50대 남성)

오진으로 시한부 판정을 받은 여주인공이 상사에게 통쾌하게 사표를 던지고 나와서 자신의 버킷리스트를 이뤄가며 결말엔 사랑과 사업도 성공하는 꿈같은 스토리지만 대리만족했던 것 같습니다.

《언어의 정원》
5. 광고업계 디자인직 과장님(30대 남성)

아무래도 직장에서는 감성보다는 이성을 활용해서 효율적이고 정확하고 유의미한 결과를 내야 하기 때문에 감성은 절제할 수밖에 없다. 풀리지 않는 부분에 대한 해답을 주는 것도 힐링이 될지 모르지만, 아예 현실과 동떨어질 만큼 감수성에 푹 빠질 만한 영화를 보면 힐링이 된다. 감수성에 푹 빠져서 낭만적인 생각을 하다 보면 스트레스가 풀리고 삶에 윤활유가 생기는 편이다. 고단한 업무로 인해 마음의 말랑말랑함을 잃었다 싶을 때에는, 뇌를 쓸 일 없는 잔잔하고 감성적인 영화를 보며 치유할 수 있는 시간을 갖는다. 〈초속 5cm〉도 추천한다.

02

인생 가치 수립에
도움을 준 영화 5편

창문 넘어 도망친 100세 노인

·

타샤 튜더

·

플립

·

커런트 워

·

어쩌다 로맨스

인생 목표(vision)를
영화에서 발견한 경험이 있다면 적어주세요.

#꿈 #시각 #또다른나 #긍정 #가치

《창문 넘어 도망친 100세 노인》
1. 광고업계 디자인직 사원님(20대 여성)

    10대 시절 폭탄제조의 달인 알란 칼슨은 양로원에서 100 번째 생일을 맞이하고, 100세 생일을 기념해 모험을 시작하기로 마음을 먹습니다. 알란은 과거에 파란만장한 삶을 살았는데 좋은 일도 있었지만, 부모님의 죽음, 폭탄실험 중 사고로 정신병원 수감 등 그만큼 나쁜 일도 많이 경험했습니다. 보통 일반 사람들은 본인이 선택한 일에 대해 부정적인 결과를 겪었다면, 좌절하고 실망하기 마련이지만, 알란은 그 시련을 그저 덤덤히 버팁니다. 본인이 선택한 결과가 어떤 결과를 낳던지간에 하고 싶은 대로 충실히 살아가는 사람인 알란은 영화 마지막 대목에 '소중한 시간이 오면 따지지 말고 누릴 것. 우리에게 내일이 있으리란 보장은 없으니까'라는 말을 남깁니다.

    어떤 시련과 사건들을 겪어도 덤덤히 버티고 살아낼 수 있었던 이유는, 알란은 내일이 있으리란 보장이 없으니 오늘을 열심히 살아가려고 했기 때문인 것 같습니다. 알란의 이런 삶을 살아가는 마음가짐은 어떤 일을 도전할 때에 두렵고 그 결과가 낳을 부정적인 영향을 피하기 위해 두려워했던 제겐 용기를 주고 새로운 삶의 방식을 배울 수 있었던 경험이었습니다.

《타샤 튜더》
2. 제조업계 구매직 대리님(30대 여성)

타샤튜더의 영화를 얘기하기 위해선 주인공인 타샤튜더의 삶을 얘기해야만 한다. 타샤튜더는 동화작가이자 일러스트 삽화를 그렸던 화가로 생애를 통틀어 약 100권의 삽화를 그려냈다. 사람과의 대면이 싫어 산속에 살면서 우편물을 통해 작업한 삽화를 보내고 생계를 유지했다.

그녀는 자신이 추구하는 생활방식을 스스로 정했는데, 산속에 들어가 18세기 분위기의 농가를 짓고 살았다. 내가 1800년대의 조선의 삶을 동경해 그 시대의 삶의 형태로 살아간다면? 사계절의 한복을 입고 붓으로 글씨를 쓰며 인생을 살아간다는 것이 가능할까? 결론은 '할 수 없다'이다. 많은 사람들이 내 삶의 방식에 대해 너도나도 조언이라며 상처를 줄 것이다.

위와 같이 해낼 수 있으려면 강인한 의지와 흔들리지 않는 정신이 필요하다. 그녀가 더 빛나는 이유는 여기에 있다. 이 영화를 통해 인생 목표(vision)가 꼭 물질적인 성공과 명예가 아니라 종국에는 '내가 살고 싶은 모습으로 살아가는 것'이라는 생각이 들었다. 그리고 누가 뭐라 해도 지키고 싶은 나만의 생활방식과 태도는 무엇인지 고민하게 만들었던 영화였다.

《플립》

3. 문화업계 학예직 과장님(30대 여성)

　"누군가는 평범한 사람을 만나고 누군가는 광택이 나는 사람을 만나고 또 누군가는 빛나는 사람을 만나지. 하지만 모든 사람은 일생에 한번 무지개처럼 빛나는 사람을 만난단다." 개인의 성장과 인연에 대한 따뜻한 시선을 보여준 영화. 나도 내면이 빛나는 사람이 되어 또 다른 빛나는 사람들(친구든 연인이든)을 알아볼 수 있기를 바라는 계기가 되었다.

《커런트 워》

4. 예술업계 연극 연출님(30대 남성)

　어렸을 적 읽던 위인전에는 위인의 좋은 부분만 영웅적으로 담겨 있어서, 좋아하지 않았다. 요즘 종종 보이는 영화는 위인의 위대한 부분을 강조하지 않고, 인간으로서의 고민과 단점까지 디테일하게 풀어주기 때문에, 사람 대 사람으로 맞닿을 수 있다. 〈커런트 워〉는 에디슨이 전구를 개발하며 산업적으로 웨스팅하우스의 테슬라와 부딪혔던 비하인드 스토리를 담고 있어서, 에디슨의 성격적 결함, 그리고 그것이 주변 사람들과의 관계 혹은 산업에 끼친 영향들을 입체적으로 그려내고 있다. 이런 영화는 위인이 나와 다른 먼 사람처럼 느껴지지 않고, 나와 같은 인간으로서 어떻게 상황을 극복해나가는지 보여준다. 단순히 위인의 좋은 점만 보여주는 것보다, 같은 인간으로 만나 가깝게 느껴지는 순간, 나도 저 사람처럼 되고 싶다는 생각이 뚜렷해져서 인생의 큰 목표가 생긴다.

《어쩌다 로맨스》
5. 제조업계 기술직 대리님(20대 남성)

　　반복되는 일상으로 그냥 지금 하는 일에만 열심히 해야지 하는 생각이 많아지곤 한다. 어쩌다 로맨스 라는 영화를 보면 허무 맹랑하지만 그 말도 안 되는 상황 속에서 긍정의 힘에 대한 가치를 다시 인정하게 해준다. 어른이 되면서 너무 뻔한 일상속으로 안주하고 미래는 부정적으로 생각할 때가 많았는데 말도 안 되는 상상력과 긍정적인 마음가짐이 영화감상 중 일시적인 웃음만 주는 것 같진 않다. 조금이라도 내 마음을 조금은 바꿔주고 긍정의 씨 하나가 싹을 돋은 것 같다.

03

취업 준비생에게
추천하고 싶은 영화 5편

허슬러

·

브링잇온

·

빌리 엘리어트

·

레버넌트 : 죽음에서 돌아온 자

·

비긴 어게인

취업 준비생 또는 신입사원에게
추천하고 싶은 영화가 있다면 적어주세요.

#잠재 #성장 #가능성 #원석 #꼭직장소재영화가아니어도좋아요

《허슬러》
1. IT업계 경영기획직 차장님(30대 여성)

　　기회는 누구에게든 주어집니다. 그리고 좋은 멘토에게 잘 배우면 그 분야에서 최고가 될 수도 있습니다. 하지만 자기만의 기준 그리고 가치도 계속 가져가야 합니다. 자신의 영역에서 최고가 되는 것만이 성공은 아니며 나 그리고 나다움을 유지하는 것까지 갖출 때 정말 성공하게 되는 게 아닐까 생각합니다.

《브링잇온》
2. 유통업계 회계직 대리님(30대 남성)

　　뭔가를 연습해서 대회에 나가거나 공연을 하는 청춘 영화를 좋아합니다. 아무 생각 없이 회사 다니다가도 가끔 그런 영화를 보면 열정을 불러 일으켜주기도 합니다. 〈워터 보이즈〉나 〈시스터 액트〉도 추천합니다.

《빌리 엘리어트》
3. 광고업계 디자인직 과장님(30대 여성)

현실의 어려움에 부딪히더라고 그에 맞서 자신의 꿈을 지켜나가는 사람이 얼마나 아름다운지 보여주는 영화이다. 다른 작품인 〈그린북〉은 서로 너무나 다르지만, 조심스럽게 서로를 깊게 이해하고 서로의 세계관을 확장해가는 두 주인공의 모습이 인상적이었다.

《레버넌트: 죽음에서 돌아온 자》
4. 홍보업계 영업직 대리님(20대 남성)

주인공 레오나르도 디카프리오가 죽음에서 살아 돌아오는 내용으로 죽을힘을 다해 생명의 끈을 놓지 않고 불굴의 집념으로 일어서게 되는 내용. 아직 잠재성, 성장 가능성이 무궁무진한 취준생 혹은 신입사원들은 뚜렷한 목표를 설정하고 그 목표를 향해 의지 있게 달려가다 보면 결국엔 좋은 결과가 올 겁니다!

《비긴어게인》

5. 광고업계 대표님(40대 남성)

    인생은 목표한 대로 되지 않지만, 목표한 대로 된다고 해서 다 행복해지는 것도 아니라서 그런 예기치 않은 인연과 일들이라도 그 속에서 또 최선을 다하다 보면 생각하지 못한 행복한 일들도 충분히 일어날 수 있다는 부분을 음악이란 소재를 통해 흥미롭게 잘 보여준 영화라고 생각해요.

34번째
직장인의 인생영화

자신의 인생영화를 남겨보세요.

1. 귀하의 연령은?

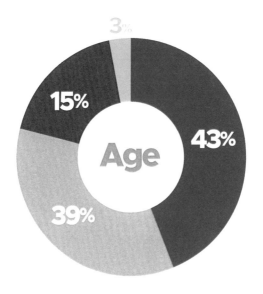

응답	응답수	응답	응답수
20대	5	50대	1
30대	14	60대 이상	0
40대	13	총 33명	

2. 귀하의 직종은?

예산관리	전시기획	영엽지원
광고디자인	자영업	디자이너
연극,연출	광고대행	구매
금융	교육	회계
영업직	기자	서비스 전문직
예술행정	공기업	프리랜서

※ 본 통계는 **NAVER** form을 이용하여 조사하였습니다.

3. 귀하의 성별은?

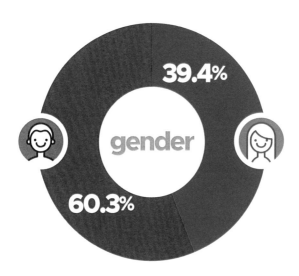

● 여성 ● 남성

성별	응답수	%
여성	13	39.4%
남성	20	60.6%

4. 귀하의 직급은?

	명	%
대리	7명	**21.2%**
과장	7명	**21.2%**
차장	7명	**21.2%**
대표	4명	**12.1%**
사원	3명	**9.1%**
인턴	2명	**6.1%**
임원	2명	**6.1%**
부장	1명	**3%**

5. 귀하의 직장생활 연차는?

5년 이상~10년 미만	9명	**27.3%**
10년 이상~15년 미만	7명	**21.2%**
15년 이상~20년 미만	7명	**21.2%**
1년 이상~5년 미만	5명	**15.2%**
1년 미만	3명	**9.1%**
20년 이상~25년 미만	2명	**6.1%**

Chapter ❹
내 인생 작품 '한 문장'으로 말하기

인생작을 혼자 알고 있지 말고,
주변의 동료나 지인과 나눈다면
재미나 의미가 배가 될 것이다.
그 순간에 비로소
작품은 나의 인생작이 된다.

앞에서 '내 인생 작품' 메모장을 채우셨나요?

우리는 살면서 인생 영화가 한 편은 있다. 꼭 영화가 아니더라도 연극이나 뮤지컬, 노래나 시같은 인생 작품이 하나씩은 있는 것이다. 이런 인생작을 혼자 알고 있지 말고, 주변의 친구나 동료와 나눈다면 재미나 의미가 배가 될 것이다. 그리고 그 순간에 비로소 작품은 나의 인생작이 된다. 그런데 이런 작품을 막상 소개하려고 할 때, '재밌었어' '감동있었어' 라는 말 외에 딱히 떠오르지 않는 것도 사실이다.

작품에는 그것이 다루는 이야기만큼 인물과 사건, 연출 기법 등 다양한 요소가 담겨있고 완성되기까지 수많은 사람의 노고를 필요로 하기 때문에, 보는 것은 편하지만 역으로 그것을 표현하기란 쉽지 않다. 그래서 이 책의 마지막 단계로 인생 작품을 하나의 문장으로 표현하는 시간을 가지려고 한다.

시나리오 극작에서는 이 하나의 문장을 '로그라인(logline)'이라고 한다. 로그라인은 작가가 자신이 쓴 각본을 감독이나 제작자에게 선보일 때, 처음 내뱉는 하나의 문장에서 유래가 되었다. 개인에게는 인생의 방향을 잡아주는 좌우명이 있고, 회사에는 사명을 알려주는 미션이나 비전이 있다. 마찬가지로 로그라인은 영화의 방향과 지향점을 일러주는 나침반 역할을 한다.

그래서 로그라인에는 영화의 인물, 상황, 결말이 담겨있어야 한다. 그리고 그 안에는 액션 아이디어가 포함되어야 한다. 액션 아이디어(action idea)는 그 영화를 근본적으로 움직이게 하는 원동력이다.[8] 액션 아이디어는 주제어(keyword)나 동기(motive)와 비슷한 개념이지만, 영화가 끝내 도달하는 지점이라는 점에서 차이가 있다. 로그라인과 액션 아이디어에 대한 이해를 돕기 위해 내 인생 영화 2편을 독자분들께 소개한다.

8) 마이클 티어노 지음, 김윤철 옮김,『스토리텔링의 비밀』, 아우라, 2002

어릴 적 본 인생 작품

〈마이걸〉(1992년 미국영화) 그리고 '성장'

초등학생 때, 텔레비전에서 본 이 영화의 로그라인은 '어린 소녀가 친구와의 우정과 사랑, 그리고 그의 죽음을 경험하고 한층 성장한다'로 말할 수 있다.

주인공 베이다는 장의사인 아버지와 알츠하이머를 앓고 있는 할머니와 함께 살고 있다. 아버지는 베이다를 낳다가 죽은 아내 생각에 베이다를 잘 돌보지 못한다. 그런 베이다에게는 단짝 친구 토마스가 있다. 그 녀석과 장난을 치고, 뽀뽀도 하고, 숲에 놀러도 간다. 그런데 어느 날 숲에서 놀던 중 벌집을 잘못 건드리고 황급하게 호수에 뛰어들지만, 토마스는 벌 알러지에 의해 죽음을 맞이한다. 그리고 베이다의 아버지는 토마스의 장례를 준비하며 그간 베이다를 제대로 돌보지 않음을 반성하고 그녀와 정서적으로 화해를 한다. 그리고 베이다는 한층 성장한다.

그렇다면 여기서 딱 하나의 키워드를 꼽을 수 있다면 어떤 것일까? '또래 친구와의 어울림' '부녀간의 갈등 해소' '장의사 직업에 대한 편견 극복'일 수도 있지만, 바로 '성장'이다. 이 영화는 불안정한 가정 환경과 친구의 죽음이라는 쉽지 않은 사건을 보여주지만, 결국 한 명의 사람으로서 성장하는 소녀의 모습을 핵심 주제로 하고 있다.

'성장'이 이 영화를 근본적으로 움직이게 하는 액션 아이디어이며 102분짜리 영화는 이에 기반하여 온전하게 서 있는 것이다. 그래서 이 작품은 '어린 소녀가 친구와의 우정과 사랑, 그리고 그의 죽음을 경험하며 한층 성장한다'는 한 문장으로 말할 수 있다.

아직도 내 마음 속에는 '토마스가 죽은 사실과 그를 장례하는 과정을 보며 크게 놀란 감정'이 남아있다. '저렇게 어린 나이에 죽을 수 있구나' '벌에 쏘여서 죽기도 하구나'라는 생각을 하면서 삶의 애틋함과 친구의 소중함을 깨달았다. 어떤 철학책보다 삶의 의미를 느끼게 해준 작품이어서 소개한다.

어른이 돼서 본 인생 작품
〈머니볼〉(2011년 미국영화) 그리고 '발상의 전환'

사회 초년생일 때 봤던 이 영화의 로그라인은 '빌리 빈이라는 야구 단장이 발상의 전환으로 기존 야구 관습을 극복하여 정규리그 20연승을 달성한다'로 말할 수 있다. 참고로 이 영화는 실제 사건을 기반으로 하고 있다.

미국 메이저리그 오클랜드 애슬레틱스 단장 빌리 빈은 고민에 빠진다. 소속팀이 디비전 시리즈 같은 중요한 시합에서 매번 패하며 구단의 재정은 열악했기 때문이다. 선수들은 시합이 끝난 뒤에 음료수를 마시기 위해서 자판기에 돈을 넣어야 했고, 구단은 뛰어난 선수를 키워내고 그를 트레이드하고 남은 자금으로 운영되는 방식이었다.

여느 때와 다름없이 빌리는 트레이드를 위해 상대 팀을 방문하던 중 '세이버 매트릭스'라는 프로그램으로 객관적인 기록을 산출해 선수를 평가하는 데이터 분석가 '피터'를 만나게 되고, 그와 여러 차례 대화를 나눈 뒤에 그를 전문가로 영입한다. 오클랜드에서 둘은 승리를 위한 새로운 경기 전략을 세운다.

그러나 오랜 파트너였던 감독과 스카우터는 그 전략을 반대한다. 이는 선수 스카우트 회의에서 나눈 대화에서 엿볼 수 있다.

파트너 : "빌리, 데이터도 중요하지만 선수는 그렇게 판단하는 것이 아니야. 역량 뿐 아니라 나이, 외모, 성격, 취향 등 여러 평판을 통해서 그리고 수십 년간 쌓아온 노하우와 직감으로 판단하는 거야."

빌리빈 : "그렇다면 2백만 달러 선수가 그만큼의 값어치를 하는 것인가요? 아닙니다. 30만달러이지만 저평가되었거나 제대로 평가받지 못한 선수가 있습니다. 우리는 그를 발굴하고 키워내서 승리를 달성해야 합니다."

빌리는 오랜 설득 끝에 결국 전략을 적용하고 저평가된 선수에게 긍정적인 멘토링도 하면서 정규리그 20연승이라는 대기록을 달성하게 된다.

이 영화에서 키워드는 '데이터의 중요성' '설득의 힘' '20연승 대업' 등이 있을 수 있지만, 딱 하나를 꼽으라면 바로 '발상의 전환'이다. 빌리가 세이버 매트릭스에 관심을 갖지 않았거나 다른 파트너처럼 경시했다면 새로운 전략을 세울 수 없었고 팀에 승리를 안겨다 줄 수도 없었을 것이다.

바로 '발상의 전환'이 이 영화를 근본적으로 움직이게 하는 액션 아이디어이며, 133분 짜리 영화의 기반인 것이다. 빌리는 말했다. "내가 세이버 매트릭스를 활용한 것은 그 프로그램의 증명이나 승리에 대한 갈망만이 아니었다. 우리처럼 가난한 구단이 우승한다면 분명 변화를 일으킬 수 있다고 믿었기 때문이다." 그래서 빌리가 말한 '변화'와 내가 느낀 '발상의 전환'이 맞아 떨어져 로그라인을 그렇게 들려드린 것이다.

내 인생을 한 문장으로 말해보자

그런데 영화가 아니라, 여태까지 살아온 내 인생을 한 문장으로 말해보면 어떨까? 그리고 그 문장의 마침표를 넘어서는 꿈이나 인생 방향을 그릴 수 있지 않을까? 한 문장으로 만들 때는 인생 그래프(제1장 3편에서 언급한)를 그리면서 기쁨과 슬픔, 성공과 실패의 순간을 그려보면서 각 구간을 이름 지을 수 있는 소제목을 달아보고, 그 소제목을 일관하는 대제목을 도출해서 하나의 문장을 만들어보자.

인생은 한 편의 영화같다고 하지만, 액션, 코미디, 느와르 등 현재의 영화 언어로는 정의할 수 없는 이야기와 감정, 그리고 오롯한 나만의 분위기 그리고 여태까지 나를 이곳으로 이끈 액션 아이디어가 있을 것이다. 이제는 내 인생을 써보자.

내 인생 영화, 한 문장(log line)으로 말하기

I. 인생 작품 떠올리기	
1	영화 제목	
2	등장 인물	
3	이야기 배경 (시기, 장소)	
4	줄거리 (갈등, 결말)	

II. 로그 라인 작성하기	
5	나의 기억 (인상적 장면, 공감한 대사)	
6	극적 행동 (action idea)	
7	한 문장 (log line)	

🎬 내 인생, 한 문장(log line)으로 말하기

I. 인생 이야기 쓰기

생애	나이	① 이야기 (개인,가족,친구,학교,직업, 꿈)	② 작은 제목
영·유아기	1 ~ 5		
아동기	6 ~ 13		
청소년기	14 ~ 19		
성년기	20 ~ 39		
중년기	40 ~ 59		
장년기	60 ~ 79		
노년기	80 ~ 100		

II. 로그 라인 작성하기

③ 큰 제목	
④ 한 문장 (log line)	

맺음말
Epilogue

2020년 전 세계를 강타한 코로나19 바이러스로 인해 대면 만남과 사회적 소통이 줄어들었다. 그나마 재택근무에서 사무실 근무로 재개되고 중단되었던 문화·예술 행사도 작은 규모부터 다시 열리고 있지만 아직은 미진하다.

해마다 7월~8월이면 경기 부천시에서 '국제 판타스틱 영화제'가, 충북 제천시에서 '국제 음악영화제'가 개최되었다. 관객끼리 서로 잘 알지 못하지만, 고어물이나 애니메이션 등 특정 장르의 팬들이 극장에 앉아 함께 영화를 감상하거나 청풍호반 무대를 보며 음악과 영화가 어우러지는 콘서트를 즐겼다. 올해는 이마저도 어려운 상황이지만, 각 영화제는 O.T.T 플랫폼인 '왓챠', '웨이브'와 협력해서 오프라인과 온라인 이원화로 영화제를 치러냈다.

영화제를 언급한 이유는 책의 머리말에서 '직장 생활에서 비롯되는 즐거움과 보람, 괴로움과 좌절 그리고 그 속에서 비롯되는 고민과 고충을 영화로 해결하거나 해소하길 바란다'고 말한 적이 있다. 보통 우리가 영화를 만날 수 있는 곳은 상업 극장인 씨지브이, 롯데시네마, 메가박스 또는 공공의 지원을 받아 운영되는 독립·예술영화관이나 작은 영화관이다. 그러나 '영화를 더 영화답게 만나고 이야기 나눌 수 있는' 공간은 바로 영화제이다. 그래서 기간과 지역을 중심으로 우리나라 지도 위에 개최되는 국제 영화제를 정리했다.

이 책으로 영화 보는 즐거움과 직장에서 활용할 수 있는 지혜를 얻으셨다면 한발 더 나아가 영화 축제(festival)로 여행을 떠나보시길 권해드린다.

가을에는 경기 일산시에서 열리는 'DMZ 국제 다큐멘터리 영화제'와 강원 강릉시에서 문학을 주제로 열리는 '강릉 국제 영화제'가 개최될 예정이다. 축제 기간 동안 영화를 보면 좋겠지만, 보지 못하더라도 동 기간에 여행의 목적지로 삼거나 행사가 열리는 극장을 들러 보기를 권한다.

이 책이 '직장생활과 일상을 다시 기운차게 살아갈 수 있는' 숨을 넣어주기를 바라면서 글을 마친다.

ⓒ 최태영, 2020

초판 1쇄 발행 2020년 10월 06일

· **지은이** 최태영

· **디자인** 최성정

· **펴낸이** 한건희

· **펴낸곳** 주식회사 부크크

· **주소** 서울시 금천구 가산디지털1로 119 SK트윈테크타워 A동 305-7호

· **전화** 1670-8316

· **이메일** info@bookk.co.kr

· **홈페이지** www.bookk.co.kr

ISBN 979-11-372-1968-7